MANA

Titel von Almut Irmscher in der Reise-Lesebuch-Reihe:
Das Island-Lesebuch (978-3-95503-127-5)
Das Norwegen-Lesebuch (978-3-95503-130-5)
Das Dänemark-Lesebuch (978-3-95503-133-6)
Das Irland-Lesebuch (978-3-95503-136-7)
Das Schottland-Lesebuch (978-3-95503-139-8)
Das England-Lesebuch (978-3-95503-142-8)
Das Portugal-Lesebuch (978-3-95503-146-6)
Das Italien-Lesebuch (978-3-95503-149-7)
Das Griechenland-Lesebuch (978-3-95503-152-7)
Das Schweden-Lesebuch (978-3-95503-177-0)
Das Kroatien-Lesebuch (978-3-95503-180-0)
Das Toskana-Lesebuch (978-3-95503-183-1)
Das Namibia-Lesebuch (978-3-95503-200-5)
Das Nordsee-Lesebuch (978-3-95503-215-9)
Das Ostsee-Lesebuch (978-3-95503-212-8)
Das Spanien-Lesebuch (978-3-95503-209-8)
Das Sardinien-Lesebuch (978-3-95503-231-9)
Das Bayern-Lesebuch (978-3-95503-258-6)
Das Österreich-Lesebuch (978-3-95503-260-9)

Titel von Gunhild Hexamer in der Reise-Lesebuch-Reihe:
Das Kanada-Lesebuch – Der Osten (978-3-95503-186-2)
Das Kanada-Lesebuch – Der Westen (978-3-95503-189-3)
Das Kalifornien-Lesebuch (978-3-95503-203-6)
Das USA-Lesebuch (978-3-95503-218-0)
Das Florida-Lesebuch (978-3-95503-254-8)

Titel von Almut Irmscher in der City-Lesebuch-Reihe:
Das Wien-Lesebuch (978-3-95503-234-0)
Das Rom-Lesebuch (978-3-95503-237-1)
Das Hamburg-Lesebuch (978-3-95503-240-1)
Das Venedig-Lesebuch (978-3-95503-243-2)
Das Amsterdam-Lesebuch (978-3-95503-252-4)

Bibliografische Information der Deutschen Nationalbibliothek
Die Deutsche Nationalbibliothek verzeichnet diese Publikation in der Deutschen Nationalbibliografie. Detaillierte bibliografische Daten sind im Internet unter http://dnb.dnb.de abrufbar.

Titelfoto: Joshua Earle/Unsplash
Bilder im Innenteil: Almut Irmscher
Zeichnungen: Tabea Sudrow
Umschlagentwurf, Satz und Layout: MANA-Verlag
Druck: Dardedze, Riga, EU
ISBN: 978-3-95503-127-5

Almut Irmscher

Das Island-Lesebuch

Impressionen und Rezepte aus dem Land der Elfen und Trolle

Einführung

Island liegt im Trend. Es ist zum erklärten Sehnsuchtsziel der Reisenden aufgestiegen, und Millionen Fußballfans in aller Welt gehen die Herzen auf, wenn isländische Fans ihre Mannschaft mit rhythmischen »Húh«-Rufen anfeuern. Ihre Heimat ist eine recht große Insel, aber nur ein ziemlich kleiner Staat, nämlich ungefähr so groß wie Bayern und Baden-Württemberg zusammengenommen. Weil Island zudem nur rund 350.000 Einwohner hat, ist es ausgesprochen dünn besiedelt. Wenn man bedenkt, dass mehr als ein Drittel der Isländer in der Hauptstadt Reykjavík und noch einmal so viele in deren direktem Umland leben, so bekommt man eine Vorstellung davon, wie menschenleer weite Teile dieser Insel sind.

Island hat zwar einen hohen Lebensstandard, aber recht wenig aufsehenerregende Merkmale menschlicher Machart. Die Historie des Landes verlief weitestgehend unspektakulär, was der relativen Isolation der Insel im sturmumtosten Nordatlantik geschuldet sein mag. Die isländische Ökonomie wurde jahrhundertelang im Wesentlichen von Bauern bestimmt, wobei man bedenken muss, dass viel Landwirtschaft in der kargen, von Lavawüsten, Gebirgszügen und polarfrischem Klima geprägten Region gar nicht möglich ist. Wohl gibt es bedeutende kulturelle Errungenschaften wie die Götter- und Heldensaga Edda aus dem 13. Jahrhundert und die zahlreichen anderen Isländersagas, welche die nordeuropäische Literatur und darüber hinaus letztendlich auch die

Weltliteratur wesentlich mitgeprägt haben. Auch in jüngerer Zeit machen engagierte Kulturschaffende aus Island auf sich aufmerksam, die Leistungen der Fußballmannschaft sind beachtlich, und nach der Beinahe-Pleite durch die Finanzkrise von 2007 hat sich der Staat erstaunlich schnell wieder erholt. All das vermag allerdings nicht zu erklären, warum die bloße Erwähnung von Island allen Reiselustigen den Schimmer sehnsuchtsvollen Fernwehs in die Augen treibt.

Doch schon beim Anflug auf den Flughafen Keflavik, der 40 Kilometer südwestlich von Reykjavík auf der Halbinsel Reykjanes liegt, bekommt man eine Ahnung für die Ursache dieses Phänomens. Düster und fremdartig erhebt sich die Insel aus dem dämmergrauen Nordmeer, schwarz und bedrohlich ragen Bergkegel aus bleichen Ebenen empor. Weißschäumende Gischt schlägt an die Kanten des Landes, wo sich ein paar wenige Häuser an einem stillen Hafen zusammendrängen und das schwarze Band einer einsamen Straße sich durch die Leere einer blass beigegrauen Weite zieht.

Denn Island ist wild. Nicht menschliche Bewohner, Vulkane beherrschen diese Insel und gestalten sie nach ihrer Fasson. Hier stößt der Mensch an seine Grenzen, unangefochten führt die Natur Regie. Sie zeigt ihre überwältigende Macht, jederzeit unberechenbar, und weist den Menschen in seine Schranken, wo er sich immer wieder aufs Neue staunend umsieht und bemerkt, wie klein und unwichtig er ist. Und gerade dies scheint der Grund dafür zu sein, dass Island so sehr fasziniert.

In unserer immer straffer durchorganisierten Welt, reglementiert, geordnet und vernetzt bis in den letzten Winkel, wirkt Island wie eine Bastion aus einem unbekannten Universum. Menschengemachte Gesetze und Strukturen oder all die Betriebsamkeit und Hektik, die unseren normalen Alltag dominieren, wirken hier völlig deplatziert. Sie sind nichtig angesichts der dramatischen Schönheit steil aufstürmender Bergmassive, die ihre schneebedeckten Gipfel wie stolze Königskronen tragen. Angesichts der endlosen Leere und der Steinwüsten, die bis über den Horizont hinausreichen, oder der ungeheuren Gletscher, die ihre Tentakel durch die Täler walzen und eisblau in Lagunen brechen. Angesichts der mächtigen Wasserfälle, die mit wutschäumenden Fluten in die engen Spalten bodenloser Schluchten stürzen. Und erst recht angesichts der blubbernden und fauchenden Höllenschlote, in denen die Erde kocht und ihr ewigwährendes Lied von der jähen Vergänglichkeit singt, die einzig ihrer Laune unterworfen ist.

Island ist der Spielplatz des Planeten selbst, und alles, was von Menschenhand geschaffen ist, verblasst vor dessen Impulsivität und Urgewalt. Je nach Lust und Laune lässt er uns sogar außerhalb von Island an seinem dortigen Hasardspiel teilhaben und serviert uns zarte Häppchen seiner Macht und Wankelmütigkeit. So zum Beispiel, wenn er Vulkane mit unaussprechlichen Namen zum Ausbrechen bringt und damit den Flugverkehr in Nord- und Mitteleuropa tagelang zum Erliegen bringt. Wir alle erinnern uns an ebendiese Situation im April 2010, und jener Unaussprechliche hieß Eyjafjallajökull.

Wer einen Feuerberg auf solch einen erstaunlichen Namen tauft, gehört ganz offensichtlich einem fantasiebegabten Volk an. Doch eine so einzigartige Insel wie Island muss wohl zwangsläufig auch ganz besondere Menschen hervorbringen. Nähern wir uns also dem wilden Island zunächst vorsichtig, indem wir uns erst einmal mit den Isländern beschäftigen.

Velkomin á Íslandi – Willkommen in Island!

Die Kinder der Wikinger – Gene, Bücher, Schlachtgebrüll

Iðunn wirft noch einen Blick auf das Papier, dann schiebt sie es stolz lächelnd zu mir herüber. »Bitte«, sagt sie, »das ist meine Abstammungslinie. Sie reicht bis zu den frühen Siedlern zurück, das sind inzwischen zig Generationen!«

Während ich zunächst noch verständnislos auf die vielen Namen auf dem Papier blicke, dämmert mir langsam die Bedeutung dessen, was Iðunn mir da zeigt. Das unscheinbare Blatt ist ein Auszug aus dem Landnámabók, dem großen Stammbuch der Isländer. Es ist einer mittelalterlichen Kopie dieses Buchs entnommen, das ursprünglich im 11. Jahrhundert entstand und die Namen von 400 Wikingern auflistete, die zwischen 870 und 930 nach Island auswanderten. Fein säuberlich und geografisch geordnet sind die Ländereien aufgeführt, die diese jeweils für sich beanspruchten, außerdem werden ihre Ahnen genannt sowie die jeweiligen Eheschließungen und Nachkommen bis ins elfte Jahrhundert.

Damit diese umfangreichen Listen ihre Leser nicht zu knochentrocken und langweilig anstarren, gibt es außerdem Beschreibungen der Charaktere einzelner Personen, Notizen über wichtige Ereignisse in deren Leben und dazu noch eine Menge Anekdoten. Obgleich die erste Niederschrift hauptsächlich auf mündlichen Überlieferungen beruhte, die zum Teil schon seit 200 Jahren von Mund zu Mund getragen wurden, so gilt sie doch als wichtige Quelle für die Genealogie der Isländer.

Außerdem hat Iðunn einen Nachdruck des Íslendingabók zu unserem Treffen mitgebracht. Dieses Werk wurde im Jahr 1125 von einem Mann namens Ari Þorgilsson verfasst, genannt »Ari der Gelehrte«. Das Original ist nicht mehr erhalten, aber im Lauf der Jahrhunderte entstanden etliche Abschriften. Anhand zahlreicher Belege und gründlicher Recherchen zeichnete Ari die Geschichte Islands seit dessen offizieller Entdeckung um das Jahr 870 penibel auf. Auch notierte er, dass schon vor dieser Zeit irische Mönche auf der Insel lebten, für die Wissenschaft noch immer eine ungelöste Frage. Denn nachweisen lässt sich deren damalige Anwesenheit bis zum heutigen Tage nicht.

»Ob Iren auf Island waren oder nicht, spielt letztendlich keine Rolle«, tut Iðunn das kontroverse Thema kurzerhand ab. »Verwandt sind wir mit ihnen jedenfalls nicht.« Und das weiß Iðunn ganz genau.

Ahnenforschung ist für die Isländer ein überaus wichtiges Thema und gilt als nationales Hobby. Mit dem Íslendingabók und dem Landnámabók verfügen sie über einen bedeutenden historischen Schatz, der ihnen die Suche nach den Vorfahren viel leichter macht, als es bei anderen Völkern üblich ist. Doch nicht nur diese Tatsache unterscheidet die Isländer von den anderen.

Aufgrund der geografischen Lage blieben die frühen Siedler und ihre Nachfahren jahrhundertelang unter sich. Während im restlichen Europa ein ständiger Austausch herrschte und geschichtliche Wirren so manchen Menschen aus der Heimat in die Ferne trieben, waren die Isländer auf ihrer Insel isoliert. Deshalb wissen sie alle, dass sie von den Wikingern abstammen, und sie sind stolz darauf. Begegnen sich zwei

Isländer, so ist eine der ersten Fragen die nach der Abstammungslinie.

Denn fast immer, wen wundert es, lassen sich gemeinsame Vorfahren entdecken. Oder man kann zumindest mit einem bedeutenden Ahnen prahlen, zum Beispiel mit Guðríðr Þorbjarnardóttir. Diese bemerkenswerte Frau, die zur Zeit der vorletzten Jahrtausendwende lebte, reiste von Island über Grönland bis nach Kanada, wo sie als allererste Europäerin ein Kind zur Welt brachte. Von Kanada segelte sie ostwärts bis Norwegen und dann wieder zurück nach Island. Später pilgerte sie nach Rom, um danach ihr Leben als Eremitin in der isländischen Heimat zu beschließen. Sie gilt als eine der am weitesten gereisten Frauen des Mittelalters.

»Das ist ja alles schön und gut«, werfe ich ein und schaue Iðunn zweifelnd an. »Aber woher will man denn nach den ganzen Jahrhunderten so genau wissen, dass die Stammbäume tatsächlich stimmen?«

Nun grinst Iðunn verschmitzt, denn sie hat noch einen Trumpf im Ärmel. »Viele von uns wissen es ganz exakt, denn unser Genom ist wissenschaftlich erfasst und untersucht!«

Für uns Skeptiker des offenen Informationsflusses und Verfechter des Datenschutzes hört es sich unglaublich an, aber es ist wahr: Die Isländer sind das genetisch am genauesten erfasste Volk der Welt, und sie haben sich freiwillig für das Projekt zur Verfügung gestellt. Sinn des Ganzen ist es, die genetischen Ursachen von Krankheiten zu entdecken und die betreffenden Gene zu isolieren. Da die Isländer dank der langen Isolation eine genetisch ziemlich gleichförmige Population bilden, drängten sie sich den Molekularbiologen als Forschungsobjekte geradezu auf. Denn in ihrem relativ homogenen Genmaterial lassen sich Mutationen wesentlich leichter identifizieren als in dem Durcheinander, das bei den gründlich durchmischten Genen der Bewohner anderer Länder herrscht.

Nach dem Aufruf im Jahr 1998 lieferten 140.000 Isländer den Forschern Blut- und Gewebeproben ab, hinzu kam die Erlaubnis zur Einsicht in die Krankenakten der Spender. Außerdem ergänzten die Gesundheitsdaten, die in Island von allen Bürgern seit 1915 gesammelt und archiviert werden, das Großprojekt.

Sämtliche Proben wurden analysiert, gut 2.500 davon komplett sequenziert. Die Untersuchungen lieferten wichtige Erkenntnisse über die verschiedensten Krankheitsmarker. So wurde zum Beispiel eine Mutation entdeckt, die das Risiko einer Alzheimererkrankung erhöht. Interessant war aber auch das Ergebnis, dass alle heute existierenden Y-Chromosomen auf einen einzigen gemeinsamen männlichen Vorfahren zurückgehen, der vor etwa 239.000 Jahren lebte.

Die Daten der DNA-Analysen sind in einem gigantischen Rechenzentrum gespeichert. Und so lassen sich nun auch die Verwandtschaften unter den einzelnen Isländern ganz einfach wissenschaftlich belegen.

»Es kommen aber auch kuriose Geschichten dabei heraus«, erzählt Iðunn. »Denn ich weiß nun, dass einer meiner Vorfahren dunkelhäutig war und aus der Karibik kam!« Ich muss wohl ziemlich verblüfft aussehen, denn sofort hebt sie an und berichtet mir von Hans Jonathan, dem genetischen Exoten. Anhand der Erbgutinformationen seiner Nachfahren wurden die Wissenschaftler auf diesen Mann aufmerksam, recherchierten weiter und konnten seine Geschichte erstaunlich gut rekonstruieren.

Die Ahnen seiner Mutter stammten aus Afrika und wurden von dort als Sklaven auf eine Karibikinsel verschleppt. Sein Vater hingegen – vermutlich Besitzer der bedauernswerten Frau – war hellhäutig. 1792 kam Hans Jonathan nach Kopenhagen, wo er als Sklave dienen sollte. Doch er wehrte sich gegen seine Versklavung und floh schließlich nach Island, wo er endlich als freier Mann leben konnte. Er heiratete die Bauerntochter Katrin Antoniusdottir und lebte mit ihr bis zu seinem Tod 25 Jahre lang bei Djúpivogur an den Ostfjorden. Die beiden bekamen zwei Kinder, deren Abkömmlinge wiederum zu dem Schlüssel wurden, der die Forscher auf Hans Jonathans Spuren führte. Als Mythos kursierte seine Geschichte schon seit Langem in Island, man erzählte von einem geheimnisvollen Fremdling, der nicht nur ein anständiger und intelligenter Mensch gewesen sei, sondern auch mehrere Sprachen beherrschte. Seine dunkle Hautfarbe scheint für die Einheimischen hingegen uninteressant gewesen zu sein, Rassismus lag ihnen fern. Und das gilt auch für Iðunn. Sie ist sichtlich begeistert, dass sie auf die Verwandtschaft mit Hans Jonathan verweisen kann, auch wenn sie von dessen Genom inzwischen natürlich nur noch eine Winzigkeit in sich trägt. Und diese Besonderheit teilt sie mit rund 800 weiteren Isländern.

Obwohl sich die Isländer äußerlich stark voneinander unterscheiden, so zeigt doch allein die Tatsache, dass dieser einzelne Mann unter ihnen so heraussticht, wie einheitlich sie zumindest in genetischer Hinsicht sind. Und als große Einheit und Gemeinschaft empfinden sie sich auch. Sie sind stolz darauf, die einzigen reinblütigen Nachfahren der Wikinger zu sein, und bewahren dieses Erbe wie einen kostbaren Schatz.

Es waren vornehmlich Siedler aus Norwegen, die Island ab dem ausgehenden 9. Jahrhundert zu ihrer neuen Heimat auserkoren. Einige kamen aber auch aus den anderen skandinavischen Ländern und aus dem keltischen Raum. Obwohl der schwedische Wikinger Gardar Svavarsson offiziell als Entdecker von Island gilt, gab es vermutlich schon vor ihm skandinavische Siedler auf den Westmännerinseln vor Islands Küste, denn man fand dort die Reste eines typischen Langhauses aus dem 7. Jahrhundert. Das Haus liegt unter Lava begraben, vielleicht wurden seine unbekannten Bewohner zu den Opfern eines Vulkanausbruchs.

Auch soll der norwegische Wikinger Naddoddur bereits einige Jahre vor seinem schwedischen Kollegen bei den Färöer-Inseln vom Kurs abgekommen sein und Island erreicht haben. Doch wenig später, ungefähr im Jahr 870, war Gardar Svavarsson der erste, der die ganze Insel umsegelte, einen Winter in der Gegend des heutigen Húsavík verbrachte und seinen Landsleuten später davon berichtete.

Als Nächster wagte sich der Norweger Flóki Vilgerðarson auf die gefährliche Fahrt durch den Nordatlantik und nahm gleich seine ganze Familie mit. Der Legende nach fand er die Insel mithilfe von drei Raben, was ihm den Beinamen Raben-Flóki eintrug. Er gründete einen Hof an einem der Westfjorde, doch nach einem sehr angenehmen Sommer war er auf den Winter schlecht vorbereitet. Die meisten seiner mitgebrachten Tiere verhungerten. Frustriert kehrte Flóki nach Norwegen zurück und erzählte dort von der unwirtlichen Insel, die nichts sei als ein »Ísland«– ein Eisland. Damit hatte die Insel endlich einen Namen, und obwohl Flókis Schilderungen nicht gerade einladend gewesen sein mögen, bewirkten sie doch einen Ausreiseboom in Richtung Island. Immer mehr Wikingerfamilien packten ihr Hab und Gut zusammen, nahmen Holz für den Hausbau mit und luden außerdem Pferde, Schafe, Rinder, Hühner und Hunde auf ihre Schiffe. Denn in ihrer Heimat ging es zu jener Zeit nicht gerade friedlich zu.

Die neuen Siedler lebten als Bauern und Handwerker 300 Jahre lang abgeschieden und in Frieden auf Island, bis

Norwegen sich das Land im 13. Jahrhundert unterwarf. Während der nächsten Jahrhunderte gehörte die Insel mal zu Norwegen, mal zu Dänemark, blieb im Wesentlichen aber isoliert. Erst 1918 erreichte Island die teilweise Unabhängigkeit, wobei der dänische König Christian X. in Personalunion König von Island wurde. 26 Jahre später folgte schließlich die vollständige Souveränität als Republik Island. Das Land gehört als Gründungsmitglied zur Nato, trat 1994 dem Europäischen Wirtschaftsraum bei und 2001 dem Schengener Abkommen.

Doch je mehr sich das Land gegenüber dem Rest der Welt öffnet, desto wichtiger wird den Isländern die Bewahrung ihrer Traditionen und ihrer familiären Identität. Das zeigt nicht nur die leidenschaftliche Ahnenforschung, sondern auch das beharrliche Festhalten an der uralten nordgermanischen Sitte, die eigene Abstammung schon im Namen zu demonstrieren. Tatsächlich gibt es in Island fast keine Familiennamen, neben dem eigentlichen Rufnamen benennt man sich mit dem Vornamen des Vaters, dem je nach Geschlecht des Kindes ein »-son« für »Sohn«, oder ein »-dóttir« für »Tochter« angehängt wird. Als Anrede der jeweiligen Person gilt dabei lediglich deren Vorname.

Wenn der Isländer Ragnar und seine Frau Jördis also Eltern vom Knaben Frode und vom Mädchen Freya werden, so heißen die beiden Kinder Frode Ragnarsson und Freya Ragnarsdóttir. Richtig kompliziert macht das Ganze die Tatsache, dass Ragnar und Jördis selbst eigene Vatersnamen tragen, und diese wiederum jeweils ganz anders lauten. Erklären Sie mal einem ausländischen Passkontrolleur, dass trotzdem alle der gleichen Familie angehören!

In den dünn besiedelten Regionen von Island ist das natürlich alles überhaupt kein Problem, da ohnehin jeder jeden kennt. Kompliziert wird es allerdings gegenüber den Anforderungen der modernen Zeit. Personenverzeichnisse sind nach dem Vornamen geordnet und enthalten dementsprechend oft spaltenweise gleiche Namen, die sich nur durch den Vatersnamen unterscheiden. Weil sich aber besonders beliebte Namen häufig in beiden Generationen wiederholen, kommt es oft zu Verwechslungen durch Namensgleichheit. Deshalb wird im Zweifelsfall noch zusätzlich der Beruf der betreffenden Person mit angeführt.

Die Besonderheit der Namensgebung führt uns zu einem anderen essenziellen Eckpfeiler der isländischen Identität, nämlich der Sprache. Sie geht auf das Altnorwegische zurück und blieb die Jahrhunderte hindurch genauso unvermischt wie das Genom der Isländer. Lediglich die Laute haben sich im Laufe der Zeit verändert. Um ihnen gerecht zu werden, gibt es neben den 32 Buchstaben des isländischen Alphabets zusätzlich von den Vokalen jeweils noch eine zweite Form mit Akzent. Im Isländischen haben sich uralte Buchstaben wie das ð und das þ erhalten, die im Rest von Europa längst verschwunden sind.

Lokale Dialekte gibt es nicht, den Einzug von Fremdwörtern verhindert seit 1964 ein Komitee, das für alle Neuerungen isländische Bezeichnungen ausklügelt. Die besondere Grammatik und die uns oft so aberwitzig erscheinende Buchstabenfolge haben die Jahrhunderte überdauert. Isländer betrachten ihre Sprache deshalb als echte Wikingersprache, und tatsächlich können sie die alten Sagatexte im Original der altnordischen Sprache lesen. Vielleicht ist das Lesen deshalb neben der Ahnenforschung eine ihrer weiteren großen Leidenschaften, sie verlegen pro Kopf mehr Bücher als jede andere Nation auf der Welt. »Die eine Hälfte von uns liest, die andere Hälfte schreibt«, behauptet Iðunn augenzwinkernd.

»Und alle gemeinsam rufen ‚Húh!', wenn die Nationalmannschaft spielt«, erwidere ich und füge neunmalklug hinzu: »Denn das ist ja der Schlachtruf der Wikinger.«

Doch da belehrt mich Iðunn eines Besseren. Obwohl sich allen Ernstes ein Isländer die Markenrechte am »Húh« sicherte, um exklusiv mit bedruckten T-Shirts und dergleichen Reibach machen zu können, und infolgedessen in Island ein erbitterter Streit um die Grenze zwischen Eigentum und Gemeingut tobte, hat das von rhythmischem Klatschen untermalte Kampfgebrüll mit den Wikingern gar nichts zu tun.

Die Wirklichkeit ist viel profaner: Der Hollywood-Blockbuster »300« aus dem Jahr 2006 zeigt Krieger, die sich mit »Ahu!«-Geschrei in Kampfstimmung bringen. Das inspirierte zunächst Hooligans und rechtslastige Demonstranten, schwappte aber bald darauf als Klatschgesang auch in deutsche, französische und griechische Fußballstadien über. Unter den Fans des schottischen Klubs Motherwell mutierte es schließlich erstmals zum »Huh!« und trug den Verein zu den größten Erfolgen in seiner Geschichte. Das wiederum begeisterte den Vorstand des größten isländischen Fußballfanklubs und brachte ihn auf die Idee, den Schlachtruf bei Spielen der isländischen Nationalmannschaft einzuführen.

»Mit großem Erfolg, wie man sieht. Inzwischen ist alle Welt davon überzeugt, dass es sich um einen uralten Wikingerbrauch handelt«, schmunzelt Iðunn. »Wenn wir Isländer etwas machen, dann machen wir es hundertprozentig! Das liegt eben daran, dass wir zu 100 Prozent Wikinger sind!«

Iðunn lebt bei Húsavík im Norden von Island. Sie ist – bei allem Stolz auf ihre Wikingerherkunft – doch ein lebendiges Beispiel dafür, dass sich Island verändert. Denn Iðunn ist mit einem Deutschen verheiratet. Die DNA ihrer Kinder würde die Datenbank der isländischen Gensammler ganz schön durcheinanderbringen. Und würde die Globalisierung zukünftig nicht auch in Island für eine weitere Bevölkerungsdurchmischung sorgen, dann könnten die Genetiker wohl eines Tages die wunderliche Geschichte von dem Mann aus Deutschland erzählen.

Brúnðar kartöflur – karamellisierte Kartoffeln

Zutaten für vier Personen:

600 g kleine Kartoffeln (festkochend)
80 g Butter
100 g brauner Zucker
Salz

Zubereitung:

Die Kartoffeln unter fließendem Wasser gründlich bürsten. Sehr großzügig gesalzenes Wasser in einem Topf zum Kochen bringen und die Kartoffeln 20 Minuten darin garen, dann abschütten.

Den Zucker in eine große, nicht beschichtete Pfanne geben und unter Rühren zum Schmelzen bringen, dann die Butter hinzugeben, rühren und weiter erhitzen, bis die Masse goldbraun ist. Nun vom Herd nehmen, die Kartoffeln hinzugeben und so lange schwenken, bis sie ringsum vom Karamell überzogen sind.

Die karamellisierten Kartoffeln eignen sich als Beilage zu vielen isländischen Hauptgerichten.

Skyr – die isländische Milchspezialität zwischen Joghurt, Quark und Frischkäse

Zutaten:

2 l fettarme Milch (aufgekocht und abgekühlt)
500 ml saure Sahne
½ Labtablette (Apotheke)

Zubereitung:

Die Labtablette in 100 ml Milch auflösen. Die saure Sahne mit 300 ml Milch cremig aufschlagen und danach zusammen mit der Lab-Milch unter die restliche Milch rühren, bis alles gut vermischt ist. Abdecken und bei Raumtemperatur 24 Stunden ruhen lassen. Anschließend in ein Käsetuch (oder ein mit Küchenkrepp ausgelegtes Sieb) geben und die Molke ablaufen lassen.

Den fertigen Skyr gut kühlen, mit Früchten und/oder flüssiger Sahne genießen oder für andere Rezepte weiterverwenden.

Überleben zwischen Feuer und Eis – was isst man in Island?

In meinen Büchern widme ich mich stets auch der Küche des Landes oder der Region, mit der ich mich befasse. Denn ich denke, dass die jeweiligen Essgewohnheiten und die Lieblingsrezepte auf ihre Art eine Menge über die Kultur und die Menschen erzählen können.

Nähern wir uns nun Island, so scheint die Landesküche erst einmal ein schwieriges Thema zu sein. Was man darüber hört, klingt für uns meist alles andere als verführerisch, denn es kursieren Geschichten über fermentierten Hai und sauer eingelegte Robbenflossen. Diese Gerichte gibt es tatsächlich, doch bevor wir uns näher damit beschäftigen, sollten wir einen Blick auf die in Island herrschenden Bedingungen werfen. Das wird uns dabei helfen, die zunächst abschreckend wirkenden Rezeptideen besser zu verstehen. Sie entsprangen nämlich nichts anderem als der Notwendigkeit, in einer unwirtlichen Umwelt zu überleben. Und Not macht bekanntlich erfinderisch.

Aufgrund seiner geografischen Lage sind die Winter in Island sehr lang, die Sommer kurz, regnerisch und kühl. Dass sie zu allem Überfluss nicht auch noch eisig kalt sind, verdankt Island dem Irmingerstrom, einem Ausläufer des Golfstroms, der auch im Winter den allerschlimmsten Frost verhindert. Solchen würde man nämlich ansonsten in diesen Breiten knapp unterhalb des Polarkreises antreffen. So erreicht die Luft im Hochsommer immerhin maximale Durchschnittstemperaturen von um die 13 Grad, im Winter wird der Gefrierpunkt nur minimal unterschritten. Dafür ist es dann dunkel, die Nächte werden lang und länger, bis es Ende Dezember schließlich nur noch für vier Stunden hell ist. Im Gegenzug währt das sommerliche Licht ausdauernd, im Juni und Juli wird es gar nicht mehr richtig dunkel, auch wenn die Sonne für kurze Zeit hinterm Horizont verschwindet.

Zu den nicht überaus wachstumsfreundlichen klimatischen Voraussetzungen kommt die größtenteils unwirtliche Beschaffenheit der Böden. Die vulkanische Aktivität beschert der Insel Aschewüsten und Lavafelder, ausgedehnte Gletscher und karge Tundren bedecken riesige Gebiete. Nur etwa 2,3 Prozent der Fläche lassen sich landwirtschaftlich überhaupt nutzen. Und dort wachsen nicht viel mehr Nutzpflanzen als Kohl und Rüben, dazu Rhabarber und ein paar Beeren. In den allerletzten Jahrhunderten sind auch noch Kartoffeln hinzugekommen.

Eine umso größere Rolle spielte stets die Nutztierhaltung. In erster Linie gibt es Schafe, aber auch Pferde, Rinder und Geflügel. Milchprodukte, Eier und Fleisch sind deshalb wesentliche Zutaten der heimischen Küche. Rund ein Drittel der Isländer betrieb seit jeher zusätzlich Fischfang, hinzu kam die Jagd auf Wale und Robben. Außerdem bereicherten stets Seevögel und deren Eier den Speiseplan.

Getreide gedeiht auf isländischen Böden so gut wie gar nicht, Brot war deshalb jahrhundertelang unbekannt. Was es hingegen im Überfluss gibt, ist Isländisches Moos, das eigentlich gar kein Moos, sondern eine Flechtenart ist und auf der Insel den Namen Fjallagrös trägt (»Gräser des Berges«). Schon früh entdeckten die Isländer die heilende Wirkung dieses

Gewächses. Dessen Inhaltsstoffe bilden beim Zerkauen einen Film, der sich schützend über gereizte Schleimhäute legt, weshalb Isländisches Moos zum bewährten Hausmittel gegen Erkältungssymptome avancierte. Zudem ist es belebend und appetitanregend, es hemmt das Wachstum von Bakterien und wirkt dadurch leicht antibiotisch. Diese Vorteile des Krautes haben die Isländer vermutlich zufällig entdeckt, denn in ihrer Not zermahlten sie die getrockneten Pflanzen und verwendeten das recht bitter schmeckende Pulver als Mehlersatz. Auch kochten sie die nahrhaften Triebe mit Milch, Wasser sowie etwas Honig und Salz zu einer einfachen Suppe.

Gewürze kannte die ursprüngliche Küche so gut wie nicht. Lediglich ein wenig Thymian, ein paar Wacholderbeeren, Kerbel und Kümmel fanden ihren Weg in die Kochtöpfe. Aufgrund des spärlichen Angebots musste alles verwendet werden, was irgendwie essbar war, und jedweder Überfluss wurde sorgsam konserviert, um das Überleben in den endlosen Wintern möglich zu machen. Die Milch verarbeitete man zu Skyr, den wir im letzten Rezept schon kennengelernt haben. Bis zum heutigen Tag erfreut er sich großer Beliebtheit, mehr und mehr auch außerhalb von Island. Er ist nämlich nicht nur wohlschmeckend und cremig, sondern dazu auch noch ausgesprochen fettarm. Seine Molke durfte in früheren Zeiten natürlich nicht einfach so abtropfen, sie wurde aufgefangen und getrunken oder zum milchsauren Einlegen von Fleisch verwendet.

Die Gewinnung und das Haltbarmachen von Lebensmitteln waren also überaus wichtige Themen, und dies führte zu Methoden, die uns verwöhnten Mitteleuropäern in ihrer Exotik oft einen Schauer des Gruselns über den Rücken jagen. Werfen wir also kurz einen neugierigen Blick auf den Erfindungsreichtum der Isländer vergangener Zeiten.

Da ist zunächst der Hákarl, jener bereits erwähnte fermentierte Hai. Das Fleisch von Haien ist für Menschen eigentlich ungenießbar, denn die Tiere reichern giftigen Harnstoff in ihrem Blut an. Der Abbau dieses Harnstoffs beansprucht mehrere Monate, während derer Massen von übelriechendem Ammoniak freigesetzt werden.

Zunächst wird der erlegte Hai ausgenommen, gesäubert und filetiert, sodann wird sein Fleisch in einer Kiesgrube vergraben und zusätzlich mit Felsbrocken beschwert. Nach ein paar Wochen gräbt man das Ganze wieder aus und hängt es für zwei bis vier Monate in eine luftige Trockenhütte, damit das Ammoniak ausdampfen kann. Nach Ablauf der Zeit ist es endlich essbar. Man schneidet das gedörrte Fischfleisch in mundgerechte Stücke und spült es beim Essen mit reichlich Schnaps hinunter. Anders wäre sein Verzehr wohl auch gar nicht möglich.

Der isländische Schnaps – das nur nebenbei – heißt Brennivín, wird aus fermentiertem Getreide gebrannt, mit Kümmel aromatisiert und ist heutzutage aufgrund der hohen isländischen Alkoholsteuer ziemlich teuer. In der Vergangenheit haben manche Isländer es mit dem Alkoholkonsum wohl etwas übertrieben, was auf der anderen Seite für enormen Zulauf bei der Guttempler-Bewegung sorgte, deren Anhänger jedweden Genuss von Alkohol strikt ablehnen. Sie engagierten sich dafür, dass der Brennivín ein schwarzes Etikett mit Totenkopf bekam, was warnend wirken sollte. Dies trug dem Schnaps den Beinamen »svarti dauði« – »Schwarzer Tod« – ein, ansonsten wurde sein Kultstatus dadurch aber nur noch mehr gefestigt. Deshalb sah man sich schließlich zu drastischen Maßnahmen wie der hohen Alkoholsteuer und einem staatlichen Verkaufsmonopol veranlasst. Alle Getränke, die mehr als 2,25 Prozent Alkohol enthalten, werden seit 1922 ausschließlich in staatlichen Vínbúðin-Läden verkauft.

Nach einer vorhergehenden Volksabstimmung hatte ab 1915 sogar eine strikte Prohibition von Alkohol in jeglicher Form gegolten, die jedoch aufgrund energischer Proteste Spaniens wieder aufgehoben werden musste. Spanien importierte damals Trockenfisch aus Island und wollte im Gegenzug Wein dorthin exportieren. Aufgrund dieses wirtschaftspolitischen Drucks wurde deshalb der kontrollierte Verkauf von Wein 1922 wieder erlaubt, 20 Jahre später nach einem weiteren Referendum auch die erneute Abgabe von Spirituosen, nicht aber die von Bier mit einem Alkoholgehalt von mehr als 2,25 Prozent. Das führte zu dem Kuriosum, dass in isländischen Kneipen Leichtbier mit Schnaps vermischt wurde, um den Alkoholgehalt des Getränks zu erhöhen. Erst am 1. März 1989 fiel nach heftigen Beschwerden der Bevölkerung das Bierverbot, weshalb der 1. März in Island heute als »bjórdagurinn« – »Tag des Bieres« – gefeiert wird.

Doch kehren wir, nachdem wir unseren Hákarl nun hinlänglich hinuntergespült haben, noch einmal zu den traditionellen Konservierungsmethoden zurück. Wir hörten schon von den sauer eingelegten Robbenflossen, die »selshreyfar« genannt werden, und »kæst skata« ist zubereiteter Rochen, dessen Fleisch genau wie das vom Hai aufgrund seines Harnstoffgehalts eigentlich nicht essbar ist. Deshalb unterzieht man es in Island kurzerhand der gleichen Prozedur wie beim Hai und verspeist es traditionell am Tag vor Heiligabend.

Wie in vielen nordischen Ländern wird Fisch auch gedörrt, in Island filetiert man ihn zuvor, taucht ihn in Salzlake und hängt ihn dann an die frische Luft, bis er knochentrocken ist. Dann heißt er »harðfiskur«. Vor dem Verzehr klopft man ihn mit Hammer, Stein oder Nudelholz, bis er mürbe ist, und bestreicht ihn danach dick mit gesalzener Butter. Wem das zu hart und reizlos erscheint, der kann den Harðfiskur auch einweichen und für verschiedene Gerichte nutzen. Und wem selbst das zu gewöhnungsbedürftig vorkommt, der mag sich vielleicht mit Síld anfreunden, das ist zarter marinierter Hering.

Wer es mit Fisch nicht so hat, sollte vielleicht das Fleisch der Islandschafe probieren. Sie sind die Nachkommen der Tiere, die einst von den Wikingern auf die Insel gebracht wurden, und äußerst robust. Als Besonderheit weisen sie eine Genmutation auf, die zu Mehrlingsgeburten führt. Sie ernähren sich ausschließlich von Gräsern und Kräutern, die sie in der Weite des Landes finden, und ihr Fleisch gilt als ausgesprochen schmackhaft.

Doch natürlich werden vom geschlachteten Schaf nicht nur die Filetstückchen verwendet. Die Innereien stopft man in den Schafsmagen und kocht das Ganze zu »slátur«, was dem schottischen Haggis ähnelt. Alternativ werden die Innereien gekocht und sauer eingelegt, dann heißen sie »lundabaggar«. Die Hoden des Hammels verwandeln sich durch das Einlegen in Molke zur Spezialität, auch Pastete wird daraus hergestellt. Am Ende bleibt der Kopf des Tieres übrig, daraus machen die Isländer »svið«. Dazu wird der Kopf halbiert und versengt, bis er schwarz ist, dann rund anderthalb Stunden in Salzwasser gekocht, von Haut und Knochen befreit und ansonsten mit Stumpf und Stiel verspeist. Dieses Gericht erfreut sich noch immer so großer Beliebtheit, dass man die verkohlten Köpfe heutzutage an der Tiefkühltheke kaufen kann.

Im Januar und Februar wird das Winterfest Þorrablót gefeiert, das einem uralten nordgermanischen Brauch entspringt. Dazu gehören unabdingbar die erwähnten Spezialitäten, außerdem Blut- und Leberwurst, Rübenkraut,

Sülze, Pfannkuchen und Rúgbrauð, ein dunkles, süßlich schmeckendes Roggenbrot. Roggen als Voraussetzung für die Erfindung dieses Brots gibt es auf Island seit einem Handelsabkommen mit Dänemark im frühen 17. Jahrhundert. Der Teig wurde damals in Gefäße gestopft und neben heißen Quellen in der Erde verbuddelt. Nach gut zwölf Stunden war das Brot verzehrfertig. Man belegt es mit dem geräucherten Lammfleisch Hangikjöt, mit Síld, Butter oder Pastete, vermischt es mit Buttermilch zu Brei oder kocht es mit Zitrone und Rosinen zu einer süßen Brotsuppe, die mit flüssiger Sahne verspeist wird.

Man erkennt am Einzug von Roggen, Kartoffeln, Zitronen und Rosinen, dass die ursprünglich doch sehr spartanische Küche Islands dank der Globalisierung einem enormen Wandel unterworfen ist, und seit dem vergangenen Jahrhundert vollzieht sich dieser Wandel immer schneller. Heutzutage gibt es auch in isländischen Supermärkten Produkte aus aller Herren Länder, und da die Isländer inzwischen die Nutzung der Erdwärme für die Landwirtschaft entdeckt haben, gedeihen in heimischen Gewächshäusern alle möglichen Salate, Gemüse und Früchte. Deshalb stammen jetzt schon zwei Drittel des in Island konsumierten Gemüses aus heimischem Anbau, neben Kartoffeln, Kohl, Zwiebeln, Gurken und Tomaten sind das auch Paprika, Auberginen oder Zucchini.

Weltweite Beachtung löste die isländische Bananenplantage in Hveragerði aus, einem Städtchen im Süden der Insel, etwa 40 Kilometer östlich von Reykjavík gelegen. Hier ist Islands Zentrum des Obst- und Gemüseanbaus, was man an den zahlreichen Gewächshäusern unschwer erkennt. Im »Eden« gediehen bei 22 bis 24 Grad Celsius nicht nur Bananen, sondern auch Palmen, Kiwistauden, Mandarinenbäumchen, Kaffeepflanzen, Avocados und Papayas.

Die Gewächshäuser des Eden existierten schon seit den Fünfzigerjahren des letzten Jahrhunderts, sie gehörten dank ihrer tropischen Atmosphäre zumindest unter Isländern zu den beliebtesten Ausflugszielen des Landes. Und die Energiekosten waren lächerlich gering, denn für die Wärme sorgte der Dampf einer 160 Grad heißen Quelle.

Leider ist das Eden vor ein paar Jahren abgebrannt. Es gibt aber Pläne für den Wiederaufbau dieser außergewöhnlichen Anlage. Bis es so weit ist, müssen die übrigen Gewächshäuser von Hveragerði genügen. Denn auch in ihnen wächst so einiges an Obst und Gemüse heran.

So können isländische Köche heute auf eine Vielzahl der unterschiedlichsten Zutaten zurückgreifen, und entsprechend bunt gestaltet sich mittlerweile das Angebot auf den Speisekarten. Wie überall in der Welt ist die Qualität der Restaurants sehr unterschiedlich, und in abgelegenen Regionen hat man oft nicht viel – oder gar keine – Auswahl.

Erstaunlich ist aber, wie kreativ manche Küchenchefs traditionelle Lebensmittel mit pfiffigen modernen Ideen aufpeppen. Inzwischen gibt es in Reykjavík sogar das erste Restaurant, das sich mit einem Michelin-Stern schmücken darf.

Vielerorts werden köstliche Gerichte mit Lammfleisch, Wildgeflügel, Lachs, Forelle oder Seefisch serviert, manchmal ist auch Rentierfleisch im Angebot. Vor verkohlten Schafsköpfen und fermentiertem Hai braucht man sich als Tourist also nicht zu fürchten. Empfindliche Gemüter sollten aber die Speisekarte genau studieren, denn besonders im Süden des Landes wird häufig das Fleisch von Islandpferden verarbeitet. Außerdem wurde zumindest bis 2023 noch immer Walfang betrieben, mitunter fand sich das Fleisch von Zwergwalen auf dem Menüplan. Es heißt allerdings, dass Walsteaks zuletzt überwiegend von Touristen bestellt wurden.

Zum Dessert gibt es Skyr mit frischen Beeren und flüssiger Sahne, Kakaosuppe mit Zwieback, das allgegenwärtige Schmalzgebäck »kleinur« oder dünn gebackene Pfannkuchen, die »pönnukökur« heißen. Zu Weihnachten genießt man die ebenfalls sehr dünnen frittierten Fladen des »laufabrauð«. Skyr, Beeren und Rhabarber dienen auch als Zutaten für leckere Schichtdesserts und Kuchen.

Zum Schluss wird das beliebteste Getränk der Isländer getrunken, nämlich Kaffee. Star der Kaffeetasse ist Molakaffi, den vielleicht ein Isländer von einer Orientreise mit zurück in die Heimat gebracht hat. Denn wie in manchen Gegenden des Morgenlandes trinkt man den kleinen, starken Schwarzen durch ein Stück Würfelzucker, das man zuvor auf die Zunge legt.

Wir sehen also, dass es in Island auch in kulinarischer Hinsicht durchaus etwas zu entdecken gibt. Doch nun wird es Zeit, einen Blick auf die Insel selbst zu werfen.

Skyrrabarbaraköku – Skyr-Rhabarberkuchen

Zutaten:

1.000 g Skyr
3 Rhabarberstangen
250 g Butterkekse
100 g Butter
200 g Zucker
1 Pck. Vanillezucker
3 Eier
½ unbehandelte Zitrone
Butter zum Einfetten

Zubereitung:

Den Skyr in ein Käsetuch oder zwei übereinandergelegte Stoffservietten geben, die Ränder zusammenschlagen und mit Kordel umbinden. Das entstandene Säckchen 1 Stunde über dem Waschbecken aufhängen und abtropfen lassen.

Danach den Skyr in eine Schüssel geben, die Eier, den Vanillezucker und den Zucker unterrühren. Die Zitrone waschen, den äußersten Anteil der Schale fein abreiben, dann die Zitrone auspressen und Saft und Schalenabrieb ebenfalls untermischen. Den Rhabarber waschen, putzen, in recht dünne Scheiben schneiden und unter die Skyr-Masse heben.

Die Kekse fein zerkrümeln, die Butter schmelzen, beides miteinander mischen und auf dem Boden einer gut mit Butter eingefetteten Springform verteilen. Den Backofen auf 180°C vorheizen und die Masse 10 Minuten darin vorbacken. Herausnehmen, abkühlen lassen und sodann die Skyrmasse auf dem Boden verteilen.

Zurück in den Ofen schieben und 40 bis 45 Minuten backen, bis die Oberseite leicht zu bräunen beginnt. In der Form 30 Minuten abkühlen lassen, dann vorsichtig herauslösen. Bis zum Verzehr in den Kühlschrank stellen und gekühlt genießen.

Die Urkraft unseres Planeten – ein Ausflug in die Geologie

Wenn man sich mit Island beschäftigt, dann gibt es ein paar Themen, die sich geradezu aufdrängen. Der herausragendste Pfeiler unter ihnen ist die geologische Besonderheit, denn ohne diese gäbe es Island nicht. Nirgendwo sonst zeigt unser Planet in so geballter Form, was in ihm steckt. Und gerade das ist es, was Island ausmacht.

Es heißt, Island sei das Land aus Feuer und Eis. Diese Floskel klingt mittlerweile ziemlich abgedroschen, dennoch beschreibt sie perfekt die Gegensätze, die in Island aufeinandertreffen, und die Dramatik, die beide Extreme durch ihre Vereinigung bewirken. Genau deshalb präsentiert sich die Insel so beispiellos und großartig.

Aus geologischer Sicht betrachtet ist Island noch sehr jung. Mit einem Alter von 17 bis 20 Millionen Jahren wirkt es fast noch wie ein Baby. Vielleicht erklärt das seine Unruhe und Impulsivität. Zuweilen tobt und strampelt das Land oder schreit und spuckt sogar, ganz wie ein Neugeborenes, das noch nicht so recht weiß, wohin die Reise führen soll. Und tatsächlich ist das recht unwägbar. Das Antlitz unserer Erde ändert sich nach geologischen Maßstäben ständig, doch fast nirgends ist es von solcher Wechselhaftigkeit geprägt wie in Island. Die Insel ist nicht nur jung, sie ist dynamisch und verändert sich täglich. Und das in einem Ausmaß, wie es nicht nur für Menschen mit der stoischen Weltsicht eines Geologen nachvollziehbar ist. Island dehnt sich, und zwar ungefähr mit der gleichen Geschwindigkeit, mit der ein Zehennagel wächst. Pro Jahr sind das immerhin bis zu zweieinhalb Zentimeter.

Es ist das gleiche Tempo, mit dem die Nordamerikanische und die Eurasische Kontinentalplatte auseinanderdriften. Denn beide Platten, das ist das erste Charakteristikum der isländischen Geologie, treffen in Island aufeinander und teilen die Insel hinsichtlich ihrer kontinentalen Zugehörigkeit in zwei Teile. Die Grenzlinie verläuft von der Halbinsel Reykjanes im Südwesten zunächst rund 170 Kilometer in nordöstlicher Richtung quer durch Island bis mitten ins Hochland, um dann scharf nach Osten abzuknicken. Nach weiteren 120 Kilometern zieht sie sich in einer erneuten Biegung geradewegs nordwärts weiter, bis sie die Insel beim Krafla-Vulkangebiet in Richtung Nordpolarmeer verlässt. Eine Gabelung der Bruchlinie führt außerdem von der Nordkurve inmitten des Hochlands in entgegengesetzter Richtung nach Südwesten bis in die Gegend von Vík í Mýrdal, das durch seinen grandiosen schwarzen Strand bekannt ist.

Entlang dieser Linien befinden sich die meisten der isländischen Vulkane. Zudem führt die Trennungsbewegung mancherorts zu augenfälligen Grabenbrüchen, wie zum Beispiel an der imposanten Schlucht Almannagjá, die sich etwa 40 Kilometer nordöstlich von Reykjavík im Þingvellir-Nationalpark befindet. Zu Wikingerzeiten stieg sie zum Treffpunkt für das Althing auf, die gesetzgebende Versammlung, aus der das heutige Parlament Islands hervorging.

Ursächlich für die Driftbewegung der Kontinentalplatten ist die sogenannte Konvektionsbewegung des flüssigen Materials im daruntergelegenen Erdmantel. Das muss man sich vorstellen wie die Kreislaufbewegung bei kochendem Wasser in einem Topf: In der Mitte steigt das heiße Wasser auf, kühlt an der Oberfläche ab und treibt dabei zu den Rändern. Dort sinkt es nach unten, um sich erneut aufzuheizen und in der Mitte wieder emporzusteigen. Im siedenden Wasser entstehen Gasblasen, welche die Oberfläche zum Blubbern bringen, ganz ähnlich wie beim Vulkanismus der Erde. Oben schwimmende Elemente – im Fall der Erdkruste die Kontinentalplatten – treiben durch die Bewegung der Flüssigkeit auseinander. Weil es auf der Erde keine begrenzenden Topfwände gibt, setzt sich die Bewegung der Kontinente so lange fort, bis auf der anderen Seite ein Hindernis in Form einer weiteren Kontinentalplatte im Weg ist.

In der Mitte zwischen den beiden auseinanderdriftenden Platten steigt heißes Material aus dem Erdmantel auf, kühlt ab und erstarrt, sodass im Bereich des isländischen Grabenbruchs ständig neue Erdkruste gebildet wird. Island wächst also. Und das, obwohl es bereits heute die größte Vulkaninsel der Welt ist.

Doch zu diesem faszinierenden geologischen Phänomen kommt im Falle Islands noch ein zweites hinzu. Der Grabenbruch zwischen den beiden Kontinentalplatten gehört global betrachtet zum Mittelozeanischen Rücken, einem vulkanisch aktiven Gebirgszug, der sich in Nord-Süd-Richtung durch den ganzen Atlantik zieht. Weiter geht es um Südafrika herum in östlicher Richtung durch den Indischen Ozean und quer durch den gesamten Pazifik, wo der Mittelozeanische Rücken weit im Osten wieder nordwärts abknickt. Diese gewaltige Bruchlinie ist eine der maßgeblichen Ursachen für die Kontinentalbewegung, und sie hat eine hervorstechende Eigenschaft: Abgesehen von wenigen ihrer Berggipfel, die als Inseln aus den Ozeanen herausragen, liegt sie tief, meist sogar in extremer Tiefe unter dem Wasserspiegel. Nicht aber in Island.

Wie kommt das? Verantwortlich ist ein weiteres Phänomen: der Island-Plume, ein sogenannter Hot-Spot. Es handelt sich dabei um eine aus dem Erdmantel aufsteigende Säule, gefüllt mit extrem heißem Material. Vermutlich liegt ihr Ursprung in fast 2.900 Kilometern Tiefe. Dicht unter der Erdkruste breitet sich das flüssige Magma wie ein Pilz aus und sinkt an den Rändern allmählich wieder in die Tiefe ab, nach dem gleichen Prinzip wie das kochende Wasser. Wenn das aufsteigende heiße Magma auf eine besonders dünne Stelle der Erdkruste trifft, bildet sich dort ein Vulkan.

Solche Magmablasen haben sich an mehr als 40 Stellen innerhalb der Erdkruste gebildet, und eine davon liegt genau unter Island. Im Gegensatz zum Kontinentalgraben, der seine Position in geologischen Zeiträumen verändert, ist der Plume ortsgebunden. Das heißt, dass sich der Grabenbruch in Island allmählich über den Plume hinwegschiebt. Dadurch potenziert sich die knapp unter der Erdoberfläche entstehende Unruhe, und es kommt zu besonders heftiger vulkanischer Aktivität. Auch hat das Zusammenwirken des Plumes mit dem Kontinentalbruch überhaupt erst dazu geführt, dass sich die Erdkruste an dieser Stelle aufgewölbt und aus dem Nordatlantik erhoben hat. Und es macht die Insel zu einem der geologisch interessantesten Gebiete unserer Erde, ein Eldorado für die Geowissenschaften.

Auch die vielen Vulkane Islands haben im Lauf der Jahrmillionen dafür gesorgt, dass die Insel immer größer und vor allem erhabener aus dem Ozean herausragte. Manche Berge erreichen eine Höhe von mehr als 2.000 Metern, und stellenweise steigen sie mit steilen Geröllwänden direkt aus dem Meer empor. Der heutzutage aktive Vulkanismus findet im Bereich der Bruchlinien zwischen den Kontinentalplatten statt und verläuft deshalb quer durch die Insel hindurch.

Einzige Ausnahme sind die aus unbekannten Gründen noch immer rumorenden Vulkane auf der Halbinsel Snæfellsnes im Westen von Island. Die Basaltfelder in Islands Westen und Osten sind hingegen auf längst erloschenen Vulkanismus im Zeitalter des Tertiärs zurückzuführen. Die Ausdehnung der Fuge zwischen den Kontinenten hat diese alten Feuerberge im Lauf von vielen Jahrhunderttausenden aus dem gefährlichen Zentralbereich der Spalte weggeschoben und damit deren Zugang zum heißen Magma abgeschnitten.

Natürlich spielt bei der Formung von Islands Gestalt auch das Eis eine Rolle. Überall zeigen die Spuren der mächtigen Eiszeitgletscher deren Macht und gewaltige Kraft. Das sieht man nicht nur an den breit ausgewalzten Trogtälern, sondern auch an den Bergrücken und Vulkanen, die wie oben abgeschnitten wirken. Verantwortlich dafür sind die enormen Eismassen, die sich über sie hinweggeschoben haben.

Eine spezielle Eigenheit Islands sind die riesigen Felder aus Kissenlava, die entstanden, als während der Eiszeiten Vulkane unter dicken Gletscherpanzern ausbrachen. Die schnelle Abkühlung und der hohe Druck des Eises ließen das Lavagestein in dieser ganz spezifischen Form erstarren. Wenn aufgrund fortdauernden Lavaflusses die Eisdecke schließlich schmolz und weniger Druck ausüben konnte, bildete sich aus dem Eruptionsmaterial durch den blitzartigen Temperaturwechsel im Schmelzwasser vulkanisches Glas, zum Beispiel Obsidian. Dagegen formten sich die in Island ebenfalls häufig anzutreffenden hexagonalen Basaltsäulen, wenn der Lava hinlänglich Zeit zum allmählichen Auskühlen blieb.

Die meisten der rund 200 seit dem Ende der letzten Eiszeit tätigen Vulkane Islands befinden sich im unbewohnten Hochland, besonders im Bereich von Landmannalaugar im Süden und Krafla im Norden. 30 dieser Vulkane sind innerhalb der letzten 1.000 Jahre ausgebrochen, viele davon mehrfach. Es handelt sich dabei um die unterschiedlichsten Typen. Manche sind Schildvulkane, die dünnflüssige Lava ausstoßen und großflächig verteilen. Die Stratovulkane speien dagegen massenweise Asche und haben eine typische Kegelform. Außerdem gibt es Spalteneruptionen, bei denen die Lava aus oftmals mehrere Kilometer langen Rissen ausströmt, und Reihen von Minivulkanen, die sich entlang solcher Risse bilden. Eine derartige Spalteneruption ereignete sich 2014 im Lavafeld Holuhraun nördlich des Bárðarbunga im zentralen Hochland.

Was wie ein typischer Krater aussieht, ist nicht immer ein Vulkan. Denn es gibt auch hohe Tuffringe, die entstehen, wenn Lava durch Kontakt mit Wasser sehr schnell abkühlt. Es sind sozusagen gigantische geplatzte Blasen. Die gewaltigste Formation dieser Art stellt der Hverfjall im Krafla-Gebiet dar. Er ist zwischen 90 und 150 Meter hoch und durchmisst einen ganzen Kilometer.

Islands Hochland ist eine bergige Wildnis, die von Felswüsten, Gletschern, Kratern, Seen und heißen Quellen geprägt ist. Es ist eine fremdartige Welt, fast vegetationslos und teilweise in völlig unwirklichen Farben gezeichnet. Schwefliges Gelb trifft auf Feuerrot, eisblaues Wasser grenzt sich mit scharfer Linie vom tiefen Schwarz des Obsidians ab. Und darüber erhebt sich das blasse Grün moosbewachsener Hänge, strahlend weiß ragen die schneebedeckten Gipfel in den Himmel.

Auf den höchsten Bergen haben sich Gletscher gebildet. Weil »Gletscher« auf Isländisch »jökull« heißt, »Berg« hingegen »fjall« und im Genitiv »fjalla«, gibt es zahlreiche Orte, deren Bezeichnung auf »-fjallajökull« endet. Zerlegt man den Namen des Feuerbergs aus der Einleitung dieses Buchs in seine Bestandteile, so wirkt er schon gar nicht mehr so verwirrend und unbegreiflich: Eyja-fjalla-jökull. Der Gletscher des Berges Eyja!

Bei den meisten der gletscherbedeckten Berge handelt es sich um Vulkane. Der allergrößte Gletscher ist mit mehr als 8.000 Quadratkilometern Flächenausdehnung der Vatnajökull im Südosten von Island. Unter seinem Eispanzer befinden sich etliche aktive Vulkane, außerdem ein Hochtemperaturgebiet, in dessen Kesseln sich heißes Wasser sammelt. In Intervallen von ein bis drei Jahren durchbricht es die Eisbarrieren und strömt in Richtung Meer, ein Vorgang, der gut überwacht wird, weil die Wassermassen schnell anwachsen und zudem giftige Gase mit sich tragen.

Doch viel bedrohlicher sind die unter der Eisdecke schlummernden Vulkane. Man vermutet, dass sich das Zentrum des Island-Plumes ausgerechnet unter dem Vatnajökull befindet. Allein seit der Besiedlung von Island sind inzwischen rund 85 Ausbrüche unter dem Riesengletscher bekannt. Und dabei handelt es sich nur um bedeutendere Ausbrüche, da kleinere unter dem Eis unbemerkt bleiben.

Die größte Gefahr solcher Eruptionen liegt in der zusätzlichen Wucht, die das Gletschereis ihnen verleiht. Denn zunächst können Lava und Gase unter der Last der Eisdecke nicht entweichen. Bei fortdauerndem Lavafluss schmilzt das Eis jedoch immer weiter. Ist die Eisdecke dann schließlich dünn genug, kommt es zu einer besonders heftigen Explosion. Weiteres Unheil lauert in der durch den Ausbruch verursachten Eis- und Schneeschmelze, die verheerende Überschwemmungen nach sich ziehen kann.

Die größten Sorgen bereitet den Vulkanologen der 1.725 Meter hohe Grímsvötn, ein zentraler Schichtvulkan des unter dem Vatnajökull begrabenen Vulkansystems. Er ist der lebhafteste unter Islands Vulkanen, die meisten bekannten Eruptionen auf der Insel sind ihm zuzuschreiben. Da seine Strukturen aber unter der dicken Eisdecke verborgen sind, ist es fast unmöglich, ihn wissenschaftlich zu erforschen.

1783 brach er zusammen mit der nicht weit von ihm entfernten Laki-Kraterreihe aus. Abgesehen von einem nicht so gut dokumentierten Ausbruch der Eldgjá in den Jahren 939 und 940 war das die schlimmste Katastrophe, die Island seit seiner Besiedlung traf. Gas- und Aschewolken verdunkelten die Atmosphäre viele Monate lang, hochgiftige Stoffe regneten zu Boden. Die Temperaturen stürzten, die Vegetation starb ab. Es kam zu Missernten, 80 Prozent der Schafe und die Hälfte alle Kühe und Pferde verendeten. All dies führte zum Tod eines Viertels der damals etwa 50.000 Isländer.

Der Ausbruch des Eyjafjallajökull im Jahr 2010 verursachte einige Schmelzwasserfluten, dramatischer wirkte sich aber auch in diesem Fall die Aschewolke aus, die aufgrund der gerade herrschenden Großwetterlage ostwärts trieb und die bekannten Folgen für den Flugverkehr hatte. Der durch den Ausbruch angerichtete Schaden betraf glücklicherweise im Wesentlichen bloß die Flugverkehrswirtschaft, die allerdings über Umsatzeinbußen von um die zwei Milliarden Euro sprach.

Islands Vulkane sind gefährlich, doch ihnen verdankt die Insel ihre Existenz. Das spiegelt sich auch in ihrer Beschaffenheit: Sie besteht zu 80 Prozent aus Basalten in verschiedenster Form, den Rest teilen sich andere vulkanische Gesteine wie Tuff, Palagonit oder Rhyolith. Sedimente, etwa Schiefer, Sand- oder Kalkstein, sucht man in Island vergeblich, wenn man von der Tjörnes-Halbinsel bei Húsavík im Norden einmal absieht. Hier haben schwere Erdbeben eine 1.200 Meter dicke Sedimentschicht aus dem Meeresboden emporgewuchtet.

Der Vulkanismus bringt durchaus auch Vorteile für die Bewohner der Insel. Es sind nicht nur die fauchenden Fumarolen, aus denen heißer Dampf aufsteigt, die stinkenden Schwefellöcher der Solfataren und die unvermittelt aufsteigenden Wassersäulen der Geysire, von deren schaurigem Reiz die Touristen angelockt werden. Schon seit den Anfängen der Besiedlung wissen die Isländer ihre »Hot Pots« zu nutzen, heiße Quellen, die das ganze Jahr hindurch ein kostenloses warmes Bad ermöglichen. Eine allzu empfindliche Nase sollte man dabei nicht haben, denn mitunter umweht ein Hauch von Schwefelduft die natürlichen Planschbecken. Das kann allerdings auch unter der normalen Dusche passieren, wir selbst haben es in unserer Pension im Krafla-Gebiet erlebt.

Inzwischen nutzt man die unerschöpflichen Energieressourcen der Vulkane zur Stromerzeugung und zum Heizen. Island kommt vollständig mit regenerativ erzeugtem Strom aus, wobei der überwiegende Teil aus Wasserkraft stammt und das verbleibende Viertel aus Geothermalkraftwerken.

Das ist der Grund dafür, dass energieintensive Industriezweige – zum Beispiel Aluminiumhütten – mit niedrigen Energiepreisen gelockt und in Island angesiedelt werden, um der Wirtschaft des Landes auf die Sprünge zu helfen. Besonderes Interesse an derartigen Investitionen hat China, mit dem Island 2013 ein Freihandelsabkommen abschloss. Das erklärt auch die auffallend vielen Touristen aus dem Reich der Mitte, die in Island unterwegs sind und sich von der Wunderwelt der Vulkane faszinieren lassen.

Schließen wir uns ihnen an und begeben wir uns auf eine Rundreise um die Insel!

Rúgbrauð – isländisches Roggenbrot

Zutaten:

220 ml Milch
190 g Roggenmehl
50 g Roggenvollkornmehl
70 g brauner Zucker
½ Pck. Trockenhefe
Salz
1 leerer Milchkarton

Zubereitung:

Die Oberseite des Milchkartons mit dem Plastikverschluss abschneiden und den Karton auswaschen. Alles Mehl, den Zucker, die Trockenhefe und etwa ½ Tl Salz in eine Schüssel geben und vermischen. Die Milch leicht erwärmen, darübergießen und alles verrühren, bis ein klebriger Teig entstanden ist. Den Teig – möglichst ohne Lufteinschlüsse – in den Milchkarton geben, der nur bis zur Hälfte befüllt werden soll. Die offene Seite mit Alufolie abdecken. Den Milchkarton neben einer heißen Quelle vergraben und 12 Stunden backen lassen. Sollte gerade zufällig keine heiße Quelle verfügbar sein, den Backofen auf 100 °C vorheizen und das Rúgbrauð 12 Stunden lang backen. Danach abkühlen lassen, bevor man es aus dem Karton löst. In Scheiben schneiden und mit gesalzener Butter oder Belag nach Geschmack genießen. Aufgrund der langen Backzeit ist es ratsam, gleich mehrere Brote zu backen.

Traditionell wird Rúgbrauð in eckigen Tontöpfen gebacken oder vielmehr gedünstet, denn die Töpfe werden im Erdboden neben heißen Quellen vergraben. Je nach Temperatur des Untergrunds ist das Brot nach 12 bis 24 Stunden fertig.

Der Verzehr großer Mengen von Rúgbrauð soll zu Blähungen führen, weshalb es in Island den Beinamen »þrumari« trägt: Donnerbrot.

Der Geist des Feuers – Eindrücke von der Halbinsel Reykjanes

Endlich ist es so weit, wir landen in Island. Vor uns liegt eine zwölftägige Reise, mit dem Mietwagen im Uhrzeigersinn einmal rund um die Insel. Nicht gerade viel Zeit, wenn man bedenkt, was es hier alles zu sehen gibt. Entsprechend vollgestopft ist unser Reiseplan. Deshalb legen wir gleich los, nachdem wir den Flughafen von Keflavik verlassen haben.

Denn Islands internationaler Flughafen liegt auf der Halbinsel Reykjanes, und manche Leute sagen, dass man hier die Besonderheiten Islands in geballter Form vorfinde. Eine Miniaturausgabe der Insel sozusagen, die im Wesentlichen alles zeigt, was der Rest davon im Großen zu bieten hat. Vielleicht ist das aber auch nur eine Behauptung aus den Reihen der Isländer, die sich über den rasant steigenden Andrang der Reisenden ärgern und um die Schönheit und Naturbelassenheit ihrer Insel sorgen. Könnten die Touristen nicht nur einmal kurz auf Reykjanes herumfahren und dann wieder nach Hause zurückfliegen? Und bezeichnenderweise hat die Halbinsel im Südwesten von Island die Form eines Stiefels, mit dem gerade schwungvoll getreten wird. Ob das ein Wink der Naturgeister ist, die Island angeblich in so großer Zahl besiedeln? Wollen sie den hier ankommenden und abreisenden Flugzeugen auf symbolische Art einen Tritt versetzen, oder ist es nur eine Huldigung an den Fußball, den die Isländer so sehr lieben?

Wie dem auch sei, ein bedeutendes Merkmal von Island sucht man auf Reykjanes vergeblich, nämlich die Gletscher. Was es hingegen reichlich gibt, sind Lavafelder, heiße Quellen, brodelnde Schlammtöpfe und rauchende Solfataren, deren Umgebung von einem beißenden Schwefelgeruch charakterisiert wird. Angesichts dieses lebendigen Vulkanismus kann die Halbinsel ihr Geheimnis schwerlich verbergen: Hier ist es, wo der Mittelozeanische Rücken aus dem Ozean auftaucht und die Spalte zwischen den Kontinenten gleich hinter der Küste erstmals deutlich in Erscheinung tritt.

Zur Freude ihrer ankommenden Gäste haben die Isländer sich einen Gag erlaubt und an dieser Stelle eine Brücke über den Grabenbruch gebaut, die »Brücke zwischen den Kontinenten«. Sie ist nur wenige Meter lang und überwindet keine spektakuläre Höhe, trotzdem gibt sie eine schöne Einstimmung auf den Besuch in diesem eigenwilligen Land. Das Brücklein liegt einsam und ganz unprätentiös inmitten eines endlosen Meers aus Lava nahe der Küste, ein kleiner Fingerzeig auf die Anwesenheit des Menschen in einer Umwelt, die so viel mächtiger ist als er.

Denn auf Reykjanes herrschen andere. Den letzten Ausbruch erlebte die Halbinsel im 14. Jahrhundert, als das Vulkansystem von Krýsuvík im Südosten von Reykjanes Feuer spie. Es war der vorläufige Abschluss nach einer Serie heftiger Eruptionen, die sich rund 200 Jahre zuvor ereignete und eine 36 Quadratkilometer große Fläche mit frischem Lavagestein überzog.

Es ist eine Wüste aus rauem Geröll, durch die wir auf einem Pfad bis hinab zur Küste spazieren. Ein wenig Moos klammert sich hier und da auf dem spröden grau-schwarzen Gestein fest, dazwischen immer wieder die Kissen des Stängellosen Leimkrauts, die jetzt, Anfang Juni, von zauberhaften zartrosa Blüten überzogen sind. In ihrer Lieblichkeit bieten sie einen scharfen Kontrast zu dem schroffen, abweisenden Geröll der endlosen Lavahalde. Sie wirken wie von Feenhand dahingezaubert, der magische Gruß aus einer freundlichen und doch so fernen Welt.

Viel mehr Leben hat sich in dieser jungen Vulkanlandschaft bisher nicht ansiedeln können. Auch die Menschen, die im Gebiet des Krýsuvík Landwirtschaft betrieben, haben schließlich aufgegeben. Manche Ruinen alter Gehöfte erzählen still von der mühsamen Arbeit, die den Alltag dieser Bauern beherrschte. Einige Gebäudereste stammen sogar noch aus der Zeit der großen Ausbruchsserie im 12. Jahrhundert.

Sie liegen auf den Hügeln oberhalb des unheimlichen Sees Kleifarvatn. Uralte Volkssagen wissen von einem Ungeheuer zu erzählen, das in den düsteren Wassern dieses Sees hausen soll. Allen derartigen Spekulationen verlieh er Zündstoff, als er nach einem Erdbeben im Jahr 2000 einfach abzulaufen begann. Und das, obwohl er weder Zulauf noch Ablauf besitzt! Solche Sperenzchen hat der See in der Vergangenheit wohl schon häufiger getrieben, denn er befindet sich genau über der Verwerfungszone des Kontinentalspalts. Durch die Erdstöße können sich im Untergrund Risse auftun, was auch beim letzten Mal zum Ablaufen des Wassers führte. Dabei mitgezogenes Geröll hat die Risse inzwischen verschlossen, sodass der See wieder vollgelaufen ist.

Rot leuchtender Schotter an den Hängen weist den Weg zum Zentrum des Geothermalgebiets von Krýsuvík, und wie das bedrohlich leuchtende Auge eines Monsters der Unterwelt empfängt der See Grænavatn seine Besucher. Er ist ein Maar, das größte von insgesamt acht in dieser Gegend, die sich in den Kratern vergangener Explosionen gebildet haben.

Seine auffällige türkisgrüne Farbe verdankt der Grænavatn Kieselgur, einem Pulver, das aus den Schalen abgestorbener Kieselalgen besteht.

Gleich daneben betreten wir die Schwefelhölle von Seltún. Entlang brodelnder Schlammtöpfe, zischender Schlote und kochender Rinnsale führt ein bequemer Holzpfad durch ihr gelb-rotes Reich und ihre wabernden, nach faulen Eiern stinkenden Ausdünstungen. Dieser extra für die Schaulustigen angelegte Steig bildet in seiner nüchternen Konstruktionsweise einen unfassbaren Gegensatz zu all dieser Urkraft, und doch ist er nur ein Holzweg. Denn wenn es den Mächten der Unterwelt passt, dann reißen sie hin und wieder einfach mal ein Stück davon weg.

Oder sie demonstrieren den Menschen noch eindrucksvoller, wer hier der Herr ist. Denn 1990 setzte man ein Bohrloch in dieses Hochtemperaturgebiet, um Energie für die 30.000-Seelen-Stadt Hafnarfjörður südlich von Reykjavík zu gewinnen. Neun Jahre lang spielte die Naturgewalt mit, doch dann schien es ihr genug zu sein: 1999 flog das Bohrloch mit einer gewaltigen Explosion auseinander. Erneute Versuche, das launische Krýsuvík anzuzapfen, wurden nicht unternommen.

Viel besser klappt es ja auch mit der Gewinnung von Geothermalenergie nur einen Katzensprung weiter: an der berühmten Bláa Lónið, der Blauen Lagune. Wie ein lockendes Versprechen von Glückseligkeit zieht sie die Touristen an, denn sie beherbergt ein weltberühmtes Geothermalfreibad. Karibisch blau leuchtet dessen Wasser, und bei kühleren Lufttemperaturen dampft es, als sei es das wohlig-warme Badewasser der heimischen Wanne an einem bitterkalten Winterabend. Wie ernüchternd ist die Einsicht, dass es sich dabei um nichts anderes als das Abwasser eines gewaltigen Kraftwerks handelt!

Das Geothermalkraftwerk Svartsengi liegt im gleichnamigen Vulkansystem. Bei Bohrungen im Jahr 1969 entdeckte man hier ein riesiges unterirdisches Thermalgebiet, wo in einer Tiefe von 1.000 Metern schon Temperaturen von mehr als 200 Grad Celsius herrschen. 1978 nahm dort das erste Kraftwerk seinen Betrieb auf, das 2007 von einer modernen 30-Megawatt-Turbine abgelöst wurde. Das Werk produziert Strom und versorgt die Haushalte der Umgebung mit heißem Wasser. Dazu wird ein Gemisch von siedendem Meer- und Süßwasser aus einer Tiefe von rund zwei Kilometern nach oben gepumpt. Das überschüssige Wasser ließ man zunächst kurzerhand auf das neben dem Kraftwerk liegende Lavafeld ablaufen, weil man dachte, dort würde es versickern. Doch dieser Plan misslang. Im Wasser sind nämlich allerhand Mineralien gelöst, und diese verstopften die Zwischenräume und Löcher im porösen Lavagestein. Statt im Boden zu verschwinden, bildete das Abwasser einen See. Und schnell siedelten sich dort Kieselalgen an, die wiederum für die surreale Blaufärbung des Wassers sorgten. Fertig war die Blaue Lagune!

Weil deren Wasser außer Algen auch etliche Mineralsalze sowie Kieselerde enthält und die Badewannentemperatur von um die 40 Grad Celsius stets konstant bleibt, war es bis zur Entdeckung der Blauen Lagune als Wellnessbad nur noch ein kleiner Schritt. Denn das Baden ist nicht nur angenehm – und das besonders im Winter. Dank der Mineralstoffe lindert es auch erwiesenermaßen die Beschwerden bei verschiedenen Hautkrankheiten.

Der zunehmende Andrang sorgte dafür, dass das Lagunenbad im Zuge der Kraftwerkserweiterung in ein extra gebautes Becken verlegt wurde. Heute bietet es außer der Möglichkeit zum Plantschen im großen Thermalbad auch noch Saunen, Dampfbäder und Massagebehandlungen, dazu eine Palette von Schönheitsprodukten, die aus den Algen und Salzen der Blauen Lagune hergestellt sind.

Wer sich nicht selbst in die blauen Fluten stürzen möchte, weil er vielleicht die hohen Kosten scheut oder sich von der kursierenden Kritik an den hygienischen Bedingungen abschrecken lässt, der kann trotzdem einen Blick durch die Scheiben des Besucherzentrums werfen und den Badenden zusehen. Manche von ihnen schmieren sich den Schlamm der Lagune sogar ins Gesicht. Hoffentlich haben sie diesen den bereitstehenden Behältern entnommen und nicht vom Grund des Beckens aufgeklaubt, denn das wäre nun wirklich unhygienisch.

Nur ein Stück von der Blauen Lagune entfernt befindet sich weiter im Südwesten von Reykjanes das Geothermalgebiet Gunnuhver. Hier liegt der Zentralvulkan der Halbinsel und buhlt mit dem vielleicht lebendigsten Schlammloch von ganz Island um Aufmerksamkeit. Kurz nach der letzten Jahrtausendwende schossen zeitweise meterhohe Schlammfontänen daraus empor, der Besucherzugang musste für eine Weile gesperrt werden. Nun hat es sich wieder einigermaßen beruhigt, doch niemand weiß, wie lange.

Die Schuld daran, so munkelt man, trägt in diesem Fall eine Frau namens Guðrun Önundardóttir. Sie lebte in großer Armut, und als ihr Mann beim Fischfang ertrank, musste sie sich verschulden, um überleben zu können. Leider schaffte sie es nicht, das Geliehene zurückzuzahlen, und der unbarmherzige Gläubiger ließ kurzerhand ihren einzigen Besitz beschlagnahmen, einen armseligen Topf. Die Ärmste verfiel dem Wahnsinn und starb. Als man sie bestattete, da vernahmen die zu Tode erschrockenen Trauergäste Guðruns Stimme, die befahl, ihre Leiche nicht allzu tief einzugraben. Denn sie gedenke ohnehin nicht, dort zu bleiben.

Kurz darauf begann sie als Gespenst herumzuspuken. Das Vieh verschwand aus den Stallungen, Krankheit und Tod kamen über die Menschen. Das Unheil währte so lange, bis ein Pfarrer auf die Idee kam, dem Gespenst das lose Fadenende eines Wollknäuels in die Hand zu geben und das Knäuel daraufhin bis zu einem weit entfernten Ort wegrollen zu lassen. Guðruns Geist folgte dem Knäuel und fiel dabei in besagtes Schlammloch. Seit dieser Zeit blubbert und faucht es, und zuweilen steigen Fontänen empor. Denn die wütende Guðrun versucht noch immer, sich daraus zu befreien.

Während ich noch über die Geschichte der unglücklichen Frau nachdenke, haben wir die südwestliche Landspitze der Halbinsel erreicht. Hier wurde 1878 der erste Leuchtturm von Island erbaut, der allerdings schon acht Jahre später einem Erdbeben zum Opfer fiel. 1908 entstand der weiße Rundturm, der noch heute in Betrieb ist. Er erhebt sich über einer dramatischen Steilküste, vor der bizarre Felsen aus dem Meer ragen. Denn genau hier entsteigt die Kontinentalspalte den Tiefen des Atlantiks.

In seiner wilden Dramatik scheint dieser Ort an die Riesenalke erinnern zu wollen, die einst auf flachen Inseln vor der Küste lebten. Man hat die bis zu 85 Zentimeter großen Vögel auch als Pinguine des Nordens bezeichnet, denn sie sahen ihren antarktischen Vettern ziemlich ähnlich. Und genau wie diese waren sie flugunfähig, eine Eigenschaft, die ihnen zum Verhängnis wurde, als Menschen in ihren Lebensraum eindrangen. Die letzten Tiere fanden Zuflucht auf dem unzugänglichen Inselchen Geirfuglasker, das südwestlich vor Reykjanes lag. Ein schweres Beben ließ Geirfuglasker 1839 im Atlantik versinken. Die wenigen Riesenalke, die sich auf die nahe Felseninsel Eldey retten konnten, wurden von Fischern getötet. Zu dieser Zeit erzielten ihre Bälge nämlich bei Liebhabern außerordentlich hohe Preise, die allerletzten Stücke erwarb ein dänischer Sammler für eine astronomisch hohe Summe.

Sie stammten vom einzigen noch übrig gebliebenen Brutpaar. Zwei isländische Fischer erwürgten die Vögel, ein anderer zertrat deren letztes Ei. Eine traurige Geschichte, die symbolhaft für den respektlosen Umgang von uns Menschen mit der Natur stehen mag. Doch zumindest in dieser Form könnte sie sich wohl nicht mehr wiederholen. Island ist berühmt für seinen großen Reichtum an Seevögeln, und die Isländer sind stolz auf diesen einzigartigen Naturschatz.

Vom Südwesten der Halbinsel sind wir bis zu ihrer nordwestlichen Spitze gefahren, wo uns gleich zwei Leuchttürme erwarten. Einer der beiden ist Islands höchster, der kleine andere, am äußersten Landzipfel errichtet, eine Bastion im ewigen Wind über dem Atlantik. Außerdem gibt es ein kleines Schifffahrtsmuseum und die einladende Möglichkeit, an diesem menschenleeren Außenposten einen herrlichen Küstenspaziergang zu unternehmen.

Wir beschließen unseren ersten Reisetag im Hafenstädtchen Keflavik. Ohne die Amerikaner, die hier im Zweiten Weltkrieg eine Air Base einrichteten, aus der der internationale Flughafen Leifur Eriksson hervorging, wäre Keflavik nur ein unbedeutendes Fischernest. Nun ist es der wesentliche Dreh- und Angelpunkt für alle, die Island besuchen und dabei mit dem Flugzeug anreisen. Und dennoch präsentiert es sich reichlich verschlafen.

Nichts weist darauf hin, dass unter den Dächern der zahlreichen Gewerbehallen in der Umgebung des Flughafens die Zentralorgane unserer digitalen Gegenwart vor sich hinsurren. Denn IT-Firmen aus aller Welt haben hier riesige Serverfarmen eingerichtet, die über leistungsstarke Glasfaserkabel mit Europa, Asien und Amerika verbunden sind. Da solche Datencenter einen enormen Bedarf an Energie und Kühlung haben, bietet Island ihnen mit seinem mild-polaren Klima und dem billigen Strom ideale Standortvoraussetzungen.

Hoffentlich wissen auch die Vulkane im Untergrund der Halbinsel Reykjanes, dass man Daten schützen muss.

Gullkarfi með trönuberjum – Rotbarsch mit Preiselbeeren

Zutaten für 4 Personen:

4 Rotbarschfilets (mit Haut) à ca. 180 g
400 g frische Preiselbeeren
150 g brauner Zucker
600 g Kartoffeln
2 Bd. Frühlingszwiebeln
1 kl. Bd. Blattpetersilie
60 g Butter
Pflanzenöl zum Braten
Salz, Pfeffer

Zubereitung:

Die Preiselbeeren zusammen mit dem Zucker und einer Prise Salz in einen Topf geben, erhitzen und unter ständigem Rühren 30 Minuten lang köcheln lassen. Die Kartoffeln schälen, waschen und in ca. ½ cm dicke Scheiben schneiden. Die Frühlingszwiebeln putzen, waschen und in Röllchen schneiden. Die Petersilienblättchen abzupfen und grob hacken. In einer großen Pfanne einen Schuss Öl erhitzen, die Kartoffelscheiben hineingeben, salzen, pfeffern und ca. 30 Minuten lang schmoren bis sie goldbraun sind, dabei ab und zu wenden. Zum Schluss die Frühlingszwiebeln hinzugeben und 3 Minuten lang mitschmoren lassen. Die Fischfilets waschen, trocken tupfen und von beiden Seiten salzen und pfeffern. In einer weiteren Pfanne die Butter erhitzen, die Fischfilets mit der Hautseite nach unten hinzugeben und braten, bis die Haut am Rand zu bräunen beginnt. Dann wenden und von der anderen Seite 4 Minuten lang weiterbraten. Dabei immer wieder mal mit der heißen Butter beträufeln. Die Pfanne anschließend vom Herd nehmen und den Fisch noch einmal 3 Minuten lang darin ruhen lassen.

Die Petersilie unter die gebackenen Kartoffelscheiben heben und diese zusammen mit den Fischfilets und den Preiselbeeren auf Tellern anrichten.

Vom Wikingerhof zur Metropole – Reykjavík

Auch auf die Gefahr hin, dass ich mich unbeliebt mache: Reykjavík hat mich enttäuscht. Vielleicht sind meine Erwartungen einfach zu hoch gewesen. Reykjavík gilt ja als angesagt, es ist nicht nur die nördlichste Hauptstadt der Welt, sondern soll auch besonders jung und dynamisch sein. Die im Internet kursierenden Bilder zeigen bunte Häuser vor einer malerischen Bucht oder die strahlend helle Silhouette der Hallgrímskirkja, der evangelisch-lutherischen Kirche von Reykjavík, ihrerseits der höchste Sakralbau der Insel. Es sind faszinierende Bilder, die zum Träumen einladen und Sehnsucht wecken.

Vielleicht haben wir auch einfach schlechte Ausgangsbedingungen erwischt. Unser Hotel liegt in einem wenig attraktiven Gewerbegebiet, und als wir uns auf den Weg in die Innenstadt machen, verfinstern düstere Regenwolken den Himmel. Vergeblich halte ich Ausschau nach den bunten Fassaden, und die Hallgrímskirkja präsentiert sich nicht weiß, sondern in verwaschenem Betongrau. Die hochmodernen Bauwerke am Ufer der Bucht bilden einen merkwürdigen Kontrast zu den älteren Häusern, die sich an den Hängen hinaufziehen, und insgesamt wirkt alles recht öde und verschlafen. Das soll nun eine vielgerühmte Metropole sein? Wo verstecken sich das pulsierende Leben, die extravagante Kulturszene, die quirlige Impulsivität?

Ganz offensichtlich bin ich ein Opfer meiner eigenen hochgeschraubten Vorstellungen geworden. Denn Reykjavíks Reize erschließen sich dem Besucher nicht auf den ersten Blick. Erst seit 1786 besitzt es die Stadtrechte, alle Gebäude, die mehr als 30 Jahre alt sind, gelten hier schon als historisch. Und diese Bauwerke sind allesamt ziemlich einfach und unauffällig. Wer imposante historische Architektur erwartet, ist hier fehl am Platz.

Im internationalen Vergleich ist Reykjavík als Hauptstadt nicht viel mehr als ein etwas größeres Dorf. Denn es zählt gerade mal knapp 125.000 Einwohner. Rechnet man die vielen Vororte hinzu, sind es auch nur rund 200.000 Leute. Nicht gerade viel, und doch beachtlich, denn das sind immerhin fast 60 Prozent der Bevölkerung von ganz Island.

Alles begann gegen Ende des 9. Jahrhunderts. Immer mehr Wikinger machten sich auf den Weg nach Island, um eine neue Heimat zu finden. Der erste dieser Siedler war Ingólfur Arnarson, in seiner norwegischen Heimat in Ungnade gefallen und seines Landbesitzes beraubt. Zunächst hatte er mit seiner Familie ein winziges Inselchen bezogen, das Islands südöstlicher Küste vorgelagert ist und noch heute nach ihm benannt ist: Ingólfshöfði. Doch das ist nicht viel mehr als ein Vogelfelsen, nur das knapp bemessene Hochplateau bot etwas Nahrung für Ingólfurs Schafe. So verließ er Ingólfshöfði schließlich wieder, segelte ein Stück weiter in Richtung Westen und warf dann die Pfeiler seines hohen Häuptlingssitzes über Bord. So verlangte es die Sitte: Wo diese Pfeiler angespült würden, da sollte sein neuer Wohnsitz entstehen.

Die Hölzer trieben in eine weitläufige Bucht und strandeten schließlich in der Nähe einiger heißer Quellen. Diese dampften ganz schön vor sich hin, deshalb taufte Ingólfur sein neues Zuhause auf den Namen »Rauchbucht«, in seiner Sprache hieß das »Reykjavík«. Jahrhundertelang sollte Reykjavík nicht mehr als eine lose Ansammlung von ärmlichen Bauernkaten bleiben.

Die Lage änderte sich erst im 18. Jahrhundert. Damals stand Island unter dänischer Oberhoheit, und die Dänen ernannten den Isländer Skúli Magnússon zum ersten Landvogt der Insel. Hatten sie erwartet, dass dieser getreulich seine Verwaltungsaufgaben erfüllen und sich ihnen ansonsten brav unterordnen würde, so täuschten sie sich gewaltig. Denn Skúli strebte nach Höherem, zumindest, was die Situation seiner Heimat anbelangte. Er ärgerte sich maßlos über das dänische Handelsmonopol, das der wirtschaftlichen Entwicklung Islands konträr entgegenstand. Schlau und mit beachtlichem diplomatischen Geschick rang er dem dänischen König einige Zugeständnisse ab, die es ihm erlaubten, ein paar kleine Fabriken zur Fisch-, Fell- und Wollverarbeitung an der Küste von Reykjavík anzusiedeln. Sie stellten den entscheidenden Impuls für die Entfaltung des Fleckens dar, denn nun kamen Arbeiter, die sich in der Bucht niederließen.

Doch den Dänen gefiel dies gar nicht. Sie boykottierten die neuen Betriebe, entmachteten Skúli und übernahmen die Geschäfte am Ende selbst. Vielleicht wäre das vielversprechende Aufblühen Reykjavíks damit gleich wieder im Keime erstickt, wenn nicht im Jahr 1783 der Grímsvötn zusammen mit der Laki-Kraterreihe im Süden Islands ausgebrochen wäre. Wir haben bereits von dieser Katastrophe gehört, die monatelange Verdunklung, Missernten und ein Massensterben nach sich zog. In der Folge ließ das Interesse der Dänen an Island nach, die strikten Handelsbeschränkungen wurden gelockert. Schon drei Jahre später erhielt Reykjavík Stadtrechte. Damals lebten hier ganze 300 Seelen.

Doch dann überschlugen sich die Ereignisse. Reykjavík genoss nun nicht nur besondere Handelsprivilegien, auch der isländische Bischofssitz und die zugehörige Lateinschule wurden hierher verlegt. Das zog gebildete Leute an, vor allem auch solche, die vom europäischen Festland die damals aufkommenden Idealbilder von nationaler Einheit und Unabhängigkeit mitbrachten. Reykjavík avancierte zum Zentrum der isländischen Freiheitsbewegung, folgerichtig siedelte sich Islands Parlament, das Althing, 1845 hier an. Als Island 1918 zum Königreich erklärt wurde, übernahm Reykjavík auch offiziell die Rolle der Hauptstadt.

Im Zweiten Weltkrieg besetzten Briten und Amerikaner die Insel aufgrund deren strategisch wichtiger Position. Zu dieser Zeit zeigte Island den Besatzern ein ganz mittelalterliches Gesicht, die Menschen lebten größtenteils noch immer so, wie sie es seit Jahrhunderten gewohnt waren. Die Alliierten machten sich deshalb daran, eine moderne Infrastruktur mit Straßen, Häfen und Flugplatz aufzubauen, im Zentrum all dessen stand Reykjavík als Islands wichtigste Siedlung. Das trug der Stadt nach Ende des Krieges, als Island 1944 endlich seine vollständige Unabhängigkeit von Dänemark erlangte, enormen Zulauf ein.

Nun endlich ergriff den schläfrigen Weiler eine enthusiastische Aufbruchsstimmung. Es entstanden Museen und Theater, dazu zahlreiche Geschäfte, Kneipen, Cafés und Restaurants. Und ganz allmählich nahm auch der Rest der Welt wahr, dass es dort oben im Norden auf der abgelegenen Insel im Eismeer eine Stadt gab. 1972 war Reykjavík Schauplatz einer spektakulären Schachweltmeisterschaft, und ganz besonderes Augenmerk richtete sich auf die Stadt, als im Oktober 1986 Ronald Reagan und Michail Gorbatschow im Gästehaus Höfði zu ihrem historischen Gipfeltreffen zusammenkamen und damit das Ende des Kalten Krieges einläuteten.

Bis zur schweren Wirtschaftskrise von 2008 galt Reykjavík als aufstrebende Kulturmetropole, denn das frische und unvoreingenommene Denken in der jungen Stadt zog immer mehr Kreative aus aller Welt in seinen Bann. Der Zusammenbruch der isländischen Banken, immerhin im Verhältnis zur Landesgröße die größte Bankenpleite aller Zeiten, und dessen schwere wirtschaftliche Auswirkungen schienen allerdings das Ende von Reykjavíks Blüte zu besiegeln.

Doch weit gefehlt. Vielleicht liegt es an den Jahrhunderten des zähen Überlebenskampfes in widriger Umwelt, dass die Isländer sich von der Krise scheinbar gar nicht beeindrucken ließen. Sie schüttelten sich kurz und machten einfach weiter. Und der Erfolg gab ihnen recht. Reykjavík ist heute gefragter denn je.

Aber warum wollen sich mir die Gründe dafür einfach nicht erschließen? Auf mich wirkt Reykjavík wie eine ganz normale und dabei nicht einmal übermäßig reizvolle Stadt. Glamour und Neonglitzer fehlen genauso wie die pompösen historischen Bauwerke, wie die wuselige Geschäftigkeit und der schillernde Kulturbetrieb, den man aus den kontinentalen Zentren gewohnt ist.

Das Geschäftszentrum in der Austur- und in der Banka-Straße beherbergt statt all dessen etliche kleine Läden, die eine gemütlich-provinzielle Atmosphäre verbreiten. Besonders die zahlreichen Juweliergeschäfte fallen auf, es scheint, dass die Liebe der Wikinger zu goldenem Schmuck auch heute noch in ihren Nachfahren lebendig geblieben ist. Außerdem gibt es natürlich die typischen Islandpullover, die mit ihren braunen und grauen Naturfarben ein Flair von Island-Klischee verbreiten.

Es gibt Theateraufführungen in englischer Sprache, auch die Kinos zeigen Filme in der Originalfassung. Am Hafen liegt das Ausgeh- und Kneipenviertel von Reykjavík. In den Bars genehmigen sich jetzt am Nachmittag vereinzelte Besucher das ein oder andere Bierchen, doch die rechte Partystimmung will nicht aufkommen. Mag sein, dass es noch zu früh ist. Reykjavíks Nachtleben eilt ja ein gewisser Ruf voraus. Allerdings trifft man sich zum Feiern für gewöhnlich erst zu fortgeschrittener Stunde. Alkoholische Getränke sind teuer, erst recht in den Bars, deshalb findet das Vorglühen zu Hause statt, wo es deutlich billiger ist. An den Wochenenden, so heißt es, quellen Bars und Restaurants später vor trinkfesten Gästen schier über. Doch jetzt wirkt das Vergnügungsviertel auf mich eher klein, überschaubar und gelangweilt.

Das große Konzerthaus Harpa scheint in der Hafenbucht gelandet zu sein wie ein Raumschiff aus einer anderen Welt. Seine Fassade ist aus Farbeffektglas gestaltet und spiegelt die Lichtstimmungen Islands auf spektakuläre Weise. Im Inneren des Gebäudes verbirgt sich hypermoderne Technik, die den 1.800 Gästen des Konzertsaals ein außergewöhnliches musikalisches Erlebnis verheißt. Und wer weiß, was die Isländer an Reykjavíks Hafen noch aus dem Ärmel zaubern werden. Überall wird gebaut, man scheint es eilig damit zu haben, zu anderen Metropolen aufzuschließen. Ein Beispiel für das, was noch kommen mag, ist das Perlan auf dem Hügel Öskjuhlíð im Süden der Altstadt, eine futuristisch anmutende Komposition aus Heißwasserspeichern, Museum, Planetarium, Geschäften, Restaurants und künstlichem Geysir. Sein zentraler Teil dreht sich innerhalb von zwei Stunden um die eigene Achse, darüber hinaus versorgt es nicht nur die Stadt mit warmem Wasser, von hier aus werden im Winter auch Straßen und Gehwege beheizt und somit eisfrei gehalten.

Wir schlendern entlang der breiten Küstenstraße Sæbraut bis zur Skulptur »Sonnenfahrt«, einem stilisierten Wikingerschiff und beliebten Fotomotiv. Sie markiert die Stelle, an der einst Ingólfur Arnarson an Land gegangen sein soll, um das erste Gehöft von Reykjavík zu errichten. Besonders zur Zeit von Sonnenauf- und -untergang glüht ihr Edelstahlgerüst in feurigen Rottönen und bildet einen dramatischen Kontrast zum Blau des Meeres im Hintergrund. Doch heute verhängen dunkle Wolken den Horizont, mein Foto gerät zu einer Komposition in Grau.

Unser Weg führt uns schließlich zur Hallgrímskirkja, die 1948 eingeweiht wurde und danach zum Wahrzeichen der Stadt aufstieg. Der Architekt Guðjón Samúelsson hatte allerdings auch nichts Geringeres im Sinn, als ein Symbolbild seiner Heimatinsel zu erschaffen. Die langen Betonpfeiler des expressionistischen Bauwerks erinnern an die Basaltsäulen, die das Gesicht von Island vielerorts prägen, und in der weißen Farbe sollen sich die Gletscher der Insel widerspiegeln. Auf einem Hügel errichtet, überragt das Gebäude mit seinem 74,5 Meter hohen Turm die gesamte Stadt. Die Spitze kann man mit einem Fahrstuhl erreichen und von der dortigen Aussichtsplattform einen weiten Blick über Reykjavík, sein Umland und das Meer genießen.

In ihrem lichtdurchfluteten Inneren präsentiert sich die Kirche offen, schlicht und auf angenehme Weise unspektakulär. Und das wiederum reflektiert vielleicht das Geheimnis der Stadt: nicht bombastisch und protzend, sondern gemütlich, sachlich und unprätentiös. Und dabei doch weltoffen: Es heißt, dass fast jeder Reykjavíker irgendwann mal im Ausland gearbeitet oder studiert hat. Alle sprechen Englisch, die meisten auch Dänisch oder Schwedisch, manche sogar Deutsch.

Beim Verlassen der Hallgrímskirkja überqueren wir noch deren Vorplatz, um das obligatorische Foto der Gesamtansicht aufzunehmen. Hier – ausgerichtet nach der Mittelachse des Kirchenschiffs – ragt das imposante Bronzebild eines verwegenen Kriegers empor. Es ist ein Geschenk der Vereinigten Staaten von Amerika anlässlich des tausendjährigen Bestehens des isländischen Althings im Jahr 1930.

In stolzer, vorwärtsgewandter Pose steht der Mann auf einem stilisierten steinernen Schiffsbug und blickt erwartungsvoll in die Ferne. Auf der Rückseite des Monuments lesen wir die Inschrift: »Leifr Eiricsson, Son of Iceland, Discoverer of Vinland«. Es ist der altnordische Name des Leifur Eiríksson, der im Deutschen Leif Eriksson heißt und nach dem der internationale Flughafen von Keflavik benannt ist.

Wer war Leif Eriksson?

Síld salat – isländischer Heringssalat

Zutaten für 4 Personen:

1 Glas Síld (eingelegte Filets von jungen Heringen, ca. 250 g)
100 g Sauerrahm
100 g Mayonnaise
1 aromatischer Apfel
1 junge rote Bete (geschält und gekocht)
4 saure Gurken mit Sud
1 kl. Zwiebel
½ Bd. Blattpetersilie
Zucker
Salz
Pfeffer

Zubereitung:

Mayonnaise und Sauerrahm verrühren, mit Salz und Pfeffer würzen, 1 Tl Zucker sowie 2 El des Gurkensuds hinzugeben und alles gut vermischen. Die Zwiebel schälen und sehr fein würfeln. Die Rote Bete und die Gurken in kleine Würfel schneiden. Den Apfel schälen, achteln, entkernen und in dünne Scheibchen schneiden.

1 El des Heringssuds unter die Mayonnaise-Sauerrahm-Mischung geben. Die Heringsfilets abtropfen lassen und in mundgerechte Stücke schneiden. Nun Hering, Apfelscheiben, Gurke, Zwiebeln und Rote Bete unter die Mayonnaise-Sauerrahm-Mischung heben, abdecken und im Kühlschrank mindestens 4 Stunden lang durchziehen lassen.

Die Petersilienblättchen abzupfen, zwei oder drei Blättchen als Dekoration beiseitelegen, den Rest fein hacken.

Den Salat vor dem Servieren noch einmal gut durchrühren und die Petersilie unterrühren, mit den übrigen Blättchen dekorieren.

Mit Rúgbrauð (Rezept s. Seite 41) oder kräftigem Bauernbrot servieren.

Síld ist in Island sehr beliebt und wird of schon zum Frühstück verspeist. Auch in den skandinavischen Ländern kennt man diese Spezialität, in Schweden z. B. unter der Bezeichnung Sill. Isländischer Síld ist gegenüber anderen Varianten besonders zart. Man kann den Síld Salat natürlich auch mit einer anderen Sorte von eingelegtem Hering herstellen, wenn Síld nicht erhältlich ist.

Die Mission des Leif Eriksson – Amerika muss entdeckt werden!

Versonnen blickte Leif auf die Schaumkrone des Biers, das in einem Humpen vor ihm auf dem grob gezimmerten Holztisch stand. Er saß ganz am Ende der langen Sitzbank in der Methalle, dem Versammlungshaus seines Wikingerclans. Während die anderen lachend und johlend ihre Humpen leerten und immer wieder aufs Neue füllen ließen, schien Leif seltsam abwesend. Tiefer und tiefer bohrte sich sein Blick in den Bierschaum, ganz so, als vermute er am Boden des Humpens die Antwort auf eine geheimnisvolle Rätselfrage.

Das Meer, so überlegte er, ist weit und unergründlich. Wild schäumt die Gischt auf seinen tückischen Wogen, als wollten die Fluten, indem sie sich schäumend mit der Luft vermischten, Geschichten von unbekannten Mysterien in die Welt der Menschen tragen. Und wusste nicht das Meer um viele Dinge, die den Menschen verborgen blieben? Es brachte Verderben mit seinen tosenden Sturmfluten, doch offenbarte es mutigen Männern nicht auch bemerkenswerte Chancen?

Leifs Vater Erik der Rote, jetzt ein stolzer Wikingerfürst und Herr über die Insel Grönland, war das beste Beispiel dafür. Die Bluttaten des Großvaters hatten die Familie einst aus Norwegen in die Verbannung getrieben, und auf Island fanden sie eine neue Heimat. Erik hielt Hochzeit mit Thjodhild, Tochter aus angesehenem Hause und Nachfahrin jenes Ingólfur Arnarson, der einst als erster Siedler in Reykjavík Land genommen hatte. In einem fruchtbaren Tal an Islands Westküste gründeten Erik und Thjodhild ihren Hof Eiríksstaðir, und hier verbrachte Leif die ersten glücklichen Jahre seiner Kindheit.[1]

Doch dann brach Unheil über die Familie herein. Erst später, als er längst erwachsen war, erfuhr Leif, was damals wirklich geschehen war. Erik, allseits bekannt für sein hitziges Gemüt, hatte im Streit einige Männer erschlagen, und der Hohe Rat des Wikingerthings schickte ihn zur Strafe für drei Jahre in die Verbannung. Als kleiner Junge hatte Leif das nicht gewusst. Der Vater verließ ihn, scheinbar grundlos, und noch heute spürte er die fassungslose Verzweiflung, die angesichts dieses Unrechts sein Herz wie Eisenschnüre umklammerte. Nie würde Leif vergessen, wie er nach tränenreichem Abschied neben der Mutter am Ufer stand, während des Vaters Boot gen Horizont segelte, kleiner und immer kleiner wurde, bis es in der Endlosigkeit des grauen Eismeers und der Trostlosigkeit des Ungewissen verschwand.

Aber dann, drei Jahre später, kehrte der Vater erhobenen Hauptes zurück. Begeistert schwärmte er von der wunderbaren grünen Insel, die er im Westen entdeckt habe. Im darauffolgenden Jahr stach eine Schar von Wikingerfamilien mit ihm in See, voller Hoffnung auf die saftigen Auen und ein glückliches Leben auf jener Insel, die Erik Grönland nannte. Denn im kargen Island wurde der Boden langsam zu knapp, um die vielen hungrigen Mäuler der dortigen Siedler zu

---

1 Vom Leben Eriks des Roten und dessen Weg nach Island erzähle ich übrigens in meinem *Norwegen-Lesebuch – Impressionen und Rezepte aus dem Land der Fjorde.*

ernähren. Ein ständiges Problem der Wikinger: das ertragsarme und raue Land ihrer nordischen Heimat und die daraus entstehende Not. Erst das hatte viele von ihnen zu den plündernden Piraten gemacht, als die sich durchschlagen mussten.

Natürlich nahm Erik seine Familie mit, als er im Jahr 985 nach Grönland zurückkehrte, um dort auf seinem Hof Brattahlid zu siedeln und sich zum Fürsten der grönländischen Wikinger aufzuschwingen. So kam es, dass Leif im Alter von 15 Jahren erstmals die grünen Ufer des damals noch deutlich wirtlicheren Grönlands betrat.

Hatte Leif seinen Vater während der Kindheit noch uneingeschränkt bewundert, so kamen ihm in der neuen Heimat langsam Zweifel an dessen Anstand und Aufrichtigkeit. Zu laut polterte Erik in den Clanversammlungen, zu protzig und rechthaberisch beanspruchte er den Platz des Fürsten an der langen Tafel des Methauses. Und viel zu blutrünstig nahm er Rache an allen, die es wagten, ihm entgegenzutreten. Hatte nicht eben dieses Verhalten schon zur Verbannung des Großvaters aus Norwegen und schließlich des Vaters aus der isländischen Heimat geführt?

So war Leif eines Tages zu einer Reise ins norwegische Trondheim aufgebrochen, um die Familienehre am dortigen Königshof wiederherzustellen. Nicht nur dieses Ziel erreichte er, auch brachte er den Segen eines neuen Glaubens von dort mit zurück nach Grönland: das Christentum. In Friedfertigkeit, Mitgefühl und Nächstenliebe glaubte Leif eine weit bessere Lebensphilosophie zu erkennen als im Wüten seines Vaters, dessen Antrieb aus nichts als Machthunger sowie blinder und jähzorniger Rachsucht bestand.

Doch das allein genügte Leif nicht. Er wollte seinem Volk von Nutzen sein, ihm nicht nur die spirituellen Segnungen des Seelenheils schenken, sondern darüber hinaus auch eine blühende wirtschaftliche Zukunft. So großzügig Grönland sie mit fruchtbaren Weidegründen, Fisch, Fleisch und den Fellen seiner Tiere auch beschenkte, so drastisch machte sich auf der anderen Seite ein Mangel bemerkbar: Es gab kein Holz.

Aber gerade das Holz besaß eine herausragende Bedeutung. Wie sollten sie ihre Häuser errichten und beheizen, vor allem aber ihre Schiffe bauen, mit denen sie das Überleben im hohen Norden sicherstellten? Mit denen sie auf Fischfang, Handels- und Beutetouren auszogen? Binnen weniger Jahre waren die Birken- und Weidenwälder Islands dem immensen Holzhunger der Wikinger zum Opfer gefallen. Und auf Grönland sah es noch desolater aus: Bäume existierten dort nicht.

Doch vor Jahren hatte der Kaufmann Bjarne Herjulfsson am knisternden Lagerfeuer des Langhauses eine Geschichte erzählt. Er sei auf dem Weg von Island nach Grönland in einen Sturm geraten, der ihn vom Kurs abtrieb. Weit im Westen habe er eine Küste erspäht, über und über von dichtem Wald bestanden. Doch die unberechenbare Wildnis fern der Heimat schreckte den Kaufmann, und so sei er nicht an Land gegangen.

All dies ging Leif durch den Kopf, während er auf die Schaumkrone seines Bieres blickte, die langsam in sich zusammenfiel und den Blick auf die goldgelbe Flüssigkeit freigab. Ganz so, als wolle sie ihm zuraunen, dass sich hinter der schäumenden Gischt ein goldenes Labsal verberge!

Da erhob er sich, nahm den Humpen auf und schlug ihn kräftig auf den Tisch. Erstaunt verstummten die anderen und wandten ihm ihre Blicke zu. »Wenn der Mond wieder voll ist«, rief Leif mit entschlossener Stimme, »breche ich nach Westen auf und finde das Waldland des Bjarne Herjulfsson. Wer mutig ist, der kommt mit mir!«

35 Männer fanden sich sofort bereit, ihn auf seinem gewagten Unterfangen zu begleiten. Denn die Wikinger waren tatkräftige und verwegene Burschen, bereit dazu, sich auf jedes noch so riskante Abenteuer einzulassen.

Flugs erwarb Leif das große und besonders seetaugliche Schiff des Händlers Bjarne und traf alle Vorbereitungen für die Abreise im August. Eine günstige Zeit, in der es recht warm ist, die Sonne kaum unter den Horizont sinkt und die Nächte noch hell sind!

Leif belud sein Schiff mit Trockenfisch und Robbenfleisch, mit Bier- und Wasserfässern sowie Schlafsäcken aus Pelz. Selbst der alte Erik wollte sich die Entdeckungsfahrt seines Sohnes nicht entgehen lassen. Doch auf dem Weg zum Schiff strauchelte sein Pferd. Er fiel hinunter, verletzte sich und musste wohl oder übel zurückbleiben.

Dennoch machte sich Leif unbeirrt auf den Weg. Es gab keinen Kompass, mithilfe dessen er sich hätte orientieren können. Nur der Stand der Sonne diente als Wegweiser, dazu der Wind, der kalt und trocken aus Richtung Norden weht, von Süden her hingegen feucht und warm.

Und niemand wusste, wie weit es bis zu Bjarnes verheißenem Land sein mochte! Viele Tage lang irrten sie über das endlose Meer, und fast schon drohte ihnen der Mut zu sinken.

Da endlich erspähten die Seefahrer im Westen ein Land. Doch nichts war, wie Bjarne es geschildert hatte! Blankes Eis bedeckte die Küste, und Gletscher erhoben sich dahinter wie eine einzige Platte aus frostigem Stein. Die Männer ließen die Beiboote zu Wasser, um das Ufer näher zu erkunden, aber nirgends konnten sie eine grüne Bucht entdecken. Helluland – Steinland – taufte Leif die unfreundliche Gegend und ließ die Segel zur Weiterfahrt setzen. Heute vermuten Wissenschaftler, dass es sich bei dem eisigen Land um die Baffininsel im Norden Kanadas gehandelt hat.

Schon bald darauf öffnete sich eine weitere Küste vor den Augen der Entdeckungsreisenden, und dieses Mal lagen tatsächlich dichte Wälder in deren Hinterland. Markland – Waldland – ist der Name, den Leif dieser Gegend gab, wahrscheinlich handelte es sich um einen Teil von Labrador.

Doch der Wind stand günstig, und Leif ließ weitersegeln. Bei strahlendem Sonnenschein erreichten die Wikinger schließlich eine üppig grüne Insel und gingen an Land. Jetzt, früh am Morgen, lag glitzernder Tau auf dem saftigen Gras, und die Insel erschien den Männern wie ein verschwenderisches Schlaraffenland. Sie fielen auf die Knie, benetzten ihre Hände und leckten gierig an dem frischen Nass. Wie süßer Nektar schmeckte es auf ihren Zungen, sie meinten, nie zuvor etwas Köstlicheres genossen zu haben!

Wenn schon die Insel so Wunderbares zu bieten hatte, wie mochte es erst am Festland sein? So segelten sie weiter, bis sie dort eine Flussmündung erreichten. An dieser Stelle ankerten sie und errichteten ihr Lager in der Bucht. Hier musste womöglich wahrhaftig das Paradies liegen, von dem Leif den frisch gebackenen Christen so oft erzählte! Denn der Fluss wimmelte von Lachsen, die Wälder quollen schier über vor Wild. Und über allem lag die wohlig laue Luft eines leuchtend hellen Spätsommertags.

Als sei all dies nicht schon verlockend genug, stürzte plötzlich Tyrkir ganz aufgeregt aus dem Gebüsch und hielt eine Rebe tiefroter Beeren in die Höhe. »Ich habe Weintrauben gefunden!«, jubelte er. Sprachlos staunend betrachteten die anderen mit offenen Mündern das Wunder. Tyrkir musste es wissen, denn er war ein Südmann. Er hieß eigentlich Dietrich, genannt Dirk, und stammte vom Rhein, wo Rebstöcke schon seit den Zeiten der Römer gediehen. Tyrkir kannte sich aus!

Und so nannte Leif das neu entdeckte Land »Vinland«. Er und seine Leute überwinterten dort und kehrten erst im Frühling in die Heimat zurück. Unterwegs retteten sie einen norwegischen Kaufmann und dessen Mannschaft, die Schiffbruch erlitten hatten. Eine Tat, die Leif den Beinamen »der Glückliche« eintrug.

Die Berichte der Heimgekehrten versetzten die Grönländer in hellen Aufruhr. Bald darauf brachen Leifs Brüder Thorvald und Thorstein zusammen mit anderen Siedlern auf, um Kolonien in Vinland zu gründen. Für eine Weile blühten diese Kolonien auf und trieben regen Handel mit Nordeuropa. Doch schließlich versanken sie wieder in den Nebeln der Geschichte. Niemand weiß, was aus ihnen geworden ist.

Vielleicht erging es den Siedlern wie Leifs Bruder Thorvald. Womöglich hatte dieser den Hitzkopf seines Vaters Erik geerbt, jedenfalls stieß er eines Tages am Strand von Vinland auf drei Kanus, in denen schlafende Menschen lagen. Es handelte sich um Skrælinger – Schwächlinge –, so nannten die Nordmänner die einheimischen Inuit, denen sie manchmal begegneten. Voller Verachtung stieß Thorvald seinen Speer in die Schlafenden und tötete alle bis auf einen, dem die Flucht gelang. Ein fürchterlicher Fehler, denn dieser eine holte die Krieger seines Stammes zur Verstärkung, und bald darauf starb Thorvald im Hagelsturm ihrer Pfeile. Vielleicht liegt in der mangelnden Bereitschaft zum friedlichen Miteinander einer der Gründe dafür, dass die Wikingersiedlungen in Vinland letztlich zum Scheitern verurteilt waren.

Ihre Geschichte ist mit ihnen verweht, nur in isländischen Sagas überlebten Erzählungen von den Pionierfahrten nach Vinland. Fast 1.000 Jahre vergingen nach Leifs Expedition, bis es Wissenschaftlern zu dämmern begann, dass die Wikinger Amerika tatsächlich schon 500 Jahre vor Kolumbus erreichten. Bei L'Anse aux Meadows an der Nordspitze Neufundlands wurden 1961 Torfhäuser entdeckt, ganz ähnlich denen, die man noch heute auf Island sehen kann. Und in ihren Mythen erzählen die Inuit von Fremden, die einst an ihre Küste kamen und ein großes Haus erbauten.

Heute wissen wir, dass Leif Erikssons Vinland das heutige Neufundland ist. Doch dass der Südmann Tyrkir hier tatsächlich Wein entdeckt hat, wie die Sagas es behaupten, gilt als unwahrscheinlich. Wein hat es hier wohl nie gegeben, selbst wenn man davon ausgeht, dass das Klima im Norden Kanadas damals noch freundlicher gewesen ist. Es änderte sich erst infolge der kleinen Eiszeit ab dem frühen 15. Jahrhundert, ein Umstand, der wahrscheinlich zum Untergang der grönländischen und vielleicht auch der neufundländischen Wikingersiedlungen beitrug.

Allenfalls mag Tyrkir damals Beeren gefunden haben, die dem Wein ähnelten. Doch die Bezeichnung »Vinland« in den isländischen Sagas und die daraus resultierende Suche nach einem Land, in dem Wein gedeiht, führte die Historiker jahrhundertelang in die Irre. Erst durch die archäologischen Entdeckungen in Neufundland kamen sie auf die richtige Spur. Vielleicht erlagen sie zuvor auch bloß einer simplen Verwechslung, denn neben dem altnordischen Wort »vín« – Wein – mit lang gesprochenem »i« gibt es noch das »vin« mit kurzem »i«, und das bedeutet Weide oder Farm.

Leif Eriksson ist selbst wohl nicht mehr in sein Vinland zurückgekehrt. Er starb um das Jahr 1020, 20 Jahre, nachdem er als erster Europäer in Amerika gelandet war.

Rótargrænmeti í stíl víkinga – Wurzelgemüse nach Wikingerart

Zutaten für 4 Personen:

1 Steckrübe
6 Möhren
1 Stange Porree
80 g Butter
2 El Honig
Salz

Zubereitung:

Steckrübe und Möhren putzen und in Würfel schneiden, in einen Topf mit siedendem Salzwasser geben, 5 Minuten lang blanchieren und anschließend abtropfen lassen. Porree putzen, halbieren und in dünne Scheiben schneiden.

Die Butter in einer großen Pfanne zerlassen, Steckrübe und Möhren darin dünsten, bis sie weich werden. Nun den Lauch hinzugeben und alles kräftig braten, bis es zu bräunen beginnt. Dann den Honig unterrühren, salzen und bei milder Hitze 3 Minuten ziehen lassen.

Kál í stíl víkinga – Kohl nach Wikingerart

Zutaten für 4 Personen:

1 Weißkohl
2 saure Äpfel
500 g Skyr
60 g Butter
1 Tl Kümmel
Salz

Zubereitung:

Den Weißkohl putzen, hobeln, salzen und mit dem Kümmel vermischen. Die Äpfel schälen, vierteln, entkernen und in Scheiben schneiden.

Die Butter in einer mit Deckel verschließbaren Auflaufform zerlassen. Darüber zunächst den Kohl, dann die Äpfel und zuletzt den Skyr schichten. Den Backofen auf 180°C vorheizen, den Deckel auf die Auflaufform geben und das Ganze 1 Stunde lang backen.

Beides passt als Beilage zu Fleisch- und Fischgerichten. Möchte man es als leichte Mahlzeit genießen, serviert man dazu ein kräftiges Brot.

Zirkel der Wunder – der Goldene Kreis

Mit Spannung haben wir unseren nächsten Reisetag erwartet. Denn heute soll es gleich zu mehreren der großen Naturwunder Islands gehen: Von Reykjavik aus brechen wir zum »Gullni hingurinn« auf, dem »Goldenen Kreis«, der den meisten Reisenden unter seiner englischen Bezeichnung »Golden Circle« bekannt ist. Es handelt sich um eine etwa 300 Kilometer lange Rundfahrt, deren herausragende Highlights der Wasserfall Gullfoss, der legendäre Große Geysir und die Thing-Stätte im Nationalpark Þingvellir sind, an der man auch den Grabenbruch zwischen den Kontinenten bewundern kann. Denn dieser ist dort wirklich auffällig.

Wem das nicht reicht, der kann am Rand der Strecke noch den Kratersee Kerið besuchen, die heißen Quellen von Laugarvatn oder den früheren Bischofssitz im Flecken Skálholt. Weil sich hier auch eine Lateinschule befand, genoss der winzige Ort lange Zeit große Bedeutung als religiöses und politisches Zentrum der Insel. Bis dann der Kirchenfürst im Jahr 1801 seine Siebensachen packte, die Lateinschule schloss und Bischofssitz samt Lehranstalt nach Reykjavik verlegte.

Ganz schön viel für einen einzigen Tag, an dem wir allein schon rund fünf Stunden im Auto sitzen werden, um die Strecke zu bewältigen. Auf Island gibt es keine Autobahnen. Die Straßen sind nicht breit, in der Regel aber in recht gutem Zustand. Übermäßig viel Verkehr herrscht nicht, man könnte also zügig durchfahren, wäre da nicht das Tempolimit von

90 Stundenkilometern. Und gäbe es zudem nicht noch eine andere Charakteristik isländischer Straßen: Völlig unvermittelt und aus keinem ersichtlichen Grund verschwindet hier und da die Asphaltdecke abrupt und macht Platz für eine staubige, rumpelige Schotterpiste. In der umfassend erschlossenen Gegend um Reykjavik passiert das seltener, in anderen Regionen Islands muss man aber sogar auf der ansonsten gut ausgebauten Ringstraße 1 damit rechnen, jener Hauptverbindungsstrecke, die um die ganze Insel herumführt. Oft wurde unser kleiner weißer Mietwagen komplett mit einer dicken braunen Staubschicht bedeckt, so haben wir auch endlich verstanden, warum die Autovermietung uns eine »Staubversicherung« angeboten hatte.

Angesichts dieser Einschränkungen haben wir uns für die drei großen Stars des Goldenen Kreises entschieden: Gullfoss, Geysir und Þingvellir. Dumm nur, dass der morgendliche Himmel über Reykjavik so gar nicht golden aussieht, als wir zu unserer Tour aufbrechen. Monströse dunkelgraue Regenwolken hängen so tief, dass man sie fast schon greifen kann, und sie halten ihr Versprechen: Es gießt in Strömen. Aber unser straff getakteter Reiseplan lässt keine andere Wahl, dick angezogen und ausstaffiert mit Regenschutz aller Art machen wir uns auf den Weg, während der Scheibenwischer sich ins Zeug legt, um wenigstens eine schemenhafte Sicht zu ermöglichen.

Doch das isländische Wetter hat eine Überraschung für uns vorbereitet: Kaum haben wir uns durch die dichten Regenschleier über den Bergkamm im Osten von Reykjavik gekämpft, da reißen die Wolken auf und geben über der Ebene von Hveragerði mit ihren zahlreichen Gewächshäusern einen strahlenden Himmel frei. Die Temperaturen steigen auf bemerkenswerte Weise, in Windeseile weichen dicke Pullover und Regenjacken, an ihre Stelle treten luftige Shirts und Sonnenbrillen.

Während wir weiterfahren, leuchtet die Landschaft in saftigem Grün, liebliche Seen spiegeln das satte Blau des Frühsommerhimmels. An den sanften Hügeln ziehen sich in den letzten Jahrzehnten aufgeforstete Wäldchen empor, dazwischen liegen die zahlreichen Sommerhäuser der Bewohner der Hauptstadtregion. Es überrascht nicht, dass in diesen freundlichen Gefilden das Herz Islands schon seit den Anfängen der Besiedlung schlägt.

Unser erstes Ziel ist das Geothermalfeld Haukadalur mit seinem berühmten Star, dem Großen Geysir. An dieser Stelle kommt einer der Bischöfe aus dem rund 30 Kilometer entfernten Weiler Skálholt ins Spiel. Denn diesem Gottesmann verdanken die Geowissenschaften die heute allgemein verbreitete Bezeichnung für geothermale Springquellen. »Gjósa« heißt so viel wie »hervorsprudeln«, und darauf bezog sich der Bischof Brynjólfur Sveinsson, als er 1647 der damals noch völlig unerklärlichen Naturerscheinung den Namen »Geysir« verpasste. Es sollten noch 200 Jahre vergehen, bis man den Grund für das unvermittelte Emporschießen des Wassers endlich erklären konnte.

Dabei handelt es sich um Sickerwasser, das sich in einem langen Eruptionskanal sammelt und darin auf weit über 100 Grad aufgeheizt wird, verursacht durch das oberflächennahe heiße Magma. Weil das Wasser aber wie eine Säule in seinem schlauchartigen Kanal gefangen ist, steht es unter enormem Druck und kann deshalb nicht zum Sieden kommen. Schließlich bilden sich dann doch einzelne Gasblasen, die nach oben steigen. Dadurch fällt der Druck ab, das überhitzte Wasser verdampft schlagartig und presst das restliche Wasser nach oben hinaus. Im Zuge dessen gerät ein

20 Meter unter der Erdoberfläche liegender Heißwasserstrom mit in den Sog und sorgt kräftig für Nachschub. Die Eruptionsfontäne des Großen Geysirs hat im Juni 2000 eine sagenhafte Höhe von 122 Metern erreicht, 1845 sollen es sogar ganze 170 Meter gewesen sein. Im Durchschnitt erreicht sie immerhin noch 60 Meter.

Doch zum Leidwesen aller Schaulustigen ist der Große Geysir eine Diva und richtet sich nicht nach den Begehrlichkeiten seiner Besucher. Immer wieder döst er jahrzehntelang still vor sich hin, ohne eine erkennbare Regung zu zeigen. Er braucht ein bisschen tektonische Unruhe, um aus seinem Dornröschenschlaf wachgerüttelt zu werden. Das ist natürlich ärgerlich, wenn man Touristen mit einer spektakulären Attraktion anlocken möchte. Deshalb sannen die Isländer in den Siebzigerjahren auf Abhilfe: Sie gossen literweise Schmierseife in die 14 Meter durchmessende Öffnung des Geysirs, worüber dieser sich so konsterniert zeigte, dass er gleich stunden- oder sogar tagelang ausbrach. Unter ökologischen Gesichtspunkten war diese Vorgehensweise natürlich äußerst frevelhaft. Massive Proteste von Umweltschützern führten Anfang der Achtzigerjahre schließlich zur Abschaffung der Einseiferei. Im Jahr 2000 erweckte den Großen Geysir dann ein Erdbeben zu neuer Aktivität. Doch leider ziert er sich nach wie vor ziemlich. Wann er ausbricht und in welchen Abständen das geschieht, kann niemand genau vorhersagen.

Weitaus verlässlicher ist sein direkter Nachbar, der zwar deutlich kleinere, dafür aber sehr viel lebhaftere Strokkur. Ungefähr alle zehn Minuten spuckt er seine 25 bis 30 Meter hohe Fontäne aus kochendem Wasser in die Höhe. Und deshalb ist das Geothermalfeld Haukadalur einer der wesentlichen Anziehungspunkte am Goldenen Kreis, auch wenn der Große Geysir in der Regel nur gelangweilt vor sich hinschlummert. Es gibt große Parkplätze und ein Besucherzentrum, beides lässt erahnen, was hier zu Stoßzeiten los sein mag.

Zum Glück sind wir recht früh am Tag angekommen, der Andrang hält sich noch in Grenzen und gewährt uns freie Sicht auf die brodelnde Öffnung des Strokkur. Sekundenbruchteile vor dem Ausbruch scheint sich darin das hellblaue Auge eines Wassermonsters emporzuwölben, um dann wie der Inhalt einer gut geschüttelten Sprudelflasche in die Höhe zu spritzen und blitzartig wieder in sich zusammenzufallen.

Ein paar Ausbrüche später machen wir uns wieder auf den Weg, denn vor uns liegt noch eine beachtliche Strecke mit einigen Höhepunkten. Der erste davon ist nur zehn Kilometer entfernt: Gullfoss, der Namensgeber des Goldenen Kreises. »Gullfoss« heißt »Goldwasserfall«, diesen Namen verdankt er wohl dem Abendlicht, das seine Fluten in Goldglanz taucht. Doch auch zu anderen Tageszeiten weiß dieser bemerkenswerte Wasserfall, mit dem Licht zu zaubern. Denn bei Sonnenschein spannen sich Regenbögen wie die schillernden Brücken eines Märchenreichs über seine wild tobenden Wasser.

Warum der Gullfoss zu Islands berühmtesten Sehenswürdigkeiten zählt, enthüllt er uns ganz unverblümt und auf wirklich dramatische Weise. Ließ eben noch auf der ruhigen, unspektakulären Hochebene absolut nichts seine Existenz erahnen, so reißt nur ein paar Schritte weiter der enge Spalt einer atemberaubend tiefen Schlucht auf, in die sich schäumend und brüllend Wassermassen von wahrhaft unermesslichen Dimensionen hinabstürzen.

Natürlich kann man das Naturwunder trotzdem in Zahlen fassen: Über zwei versetzte Kaskaden geht es 32 Meter hinab in die Tiefe, das Ganze auf einer Breite von 229 Metern und mit einer Wassermenge von durchschnittlichen 110 Kubikmetern pro Sekunde. Der fast rechtwinklig abknickende schmale Canyon, in den der Gullfoss sich ergießt, ist zweieinhalb Kilometer lang und 70 Meter tief, er existiert seit der letzten Eiszeit vor 10.000 Jahren und wird seitdem beständig tiefer.

Doch nüchterne Zahlen werden dem Spektakel des Gullfoss in keiner Form gerecht. In seinem eigenen ungestümen Duktus singt er ein ewiges Lied von der Kraft der Natur, und wir verharren still und sprachlos. Der Gullfoss ist grandios und sensationell, von unfassbarer Mächtigkeit und von überwältigender Schönheit.

Dass wir diesen einmaligen Wasserfall überhaupt bewundern dürfen, verdanken wir der Bäuerin Sigríður Tómasdóttir, deren Hof sich in der Nähe des Gullfoss befand. Vor etwa 100 Jahren pachtete eine britische Elektrizitätsgesellschaft den Wasserfall vom isländischen Staat, um einen gewaltigen Staudamm zur Stromerzeugung zu errichten. Den Gullfoss speist der Fluss Hvítá, der »Weiße Fluss«, der aus einem Gletschersee am Langjökull entspringt. Das gewährleistet ständigen Nachschub an Wassermassen, optimale Voraussetzungen für ein Wasserkraftwerk.

Zu Zeiten des unbeirrten Technikglaubens konnte kaum jemand nachvollziehen, was Sigríður daran auszusetzen hatte. Doch sie kämpfte sich durch alle Instanzen, drohte sogar damit, sich in die Fluten des Gullfoss zu stürzen, und siegte schließlich, weil ihr ein Versäumnis der Briten zu Hilfe kam: Die Gesellschaft zahlte ihre Pacht nicht termingerecht, der Vertrag wurde gelöst. Seit 1979 steht der Gullfoss unter Naturschutz, an die tapfere Sigríður Tómasdóttir erinnert eine Gedenktafel am Parkplatz vor dem Abstieg zum Wasserfall.

Weiter führt uns der Goldene Kreis bis zu unserem letzten großen Ziel des heutigen Tages: dem Nationalpark Þingvellir.

Er liegt 70 Kilometer vom Gullfoss entfernt am Ufer des Sees Þingvallavatn, und der Nachmittag ist längst angebrochen, als wir ihn endlich erreichen. Unterwegs haben wir uns kaum Zeit gelassen, die herrliche Landschaft rings um den silbrig glänzenden See zu genießen. Dabei hätte eine weitere Verzögerung unserer Rundreise keine Rolle mehr gespielt, denn inzwischen sind Scharen von Besuchern im Þingvellir eingetroffen. Schulklassen und Touristen aus aller Welt füllen seine Schlucht mit Selfie-Posen, lautem Geschnatter und quietschbunten Outdoor-Funktionsjacken. Wenig bleibt vom geheimnisvollen Flair des Kontinentalbruchs, er verwandelt sich in ein schrilles Sightseeing-Disneyland. Es ist das Schicksal aller reizvollen Destinationen unseres Planeten, und keiner von uns sollte sich darüber beschweren, weil jeder einzelne von uns Reisenden ein Teil des Problems ist.

Die Gegend des Þingvellir faszinierte schon die ersten Siedler Islands mit ihrer beeindruckenden Schlucht am Grabenbruch zwischen den Kontinenten. Sie heißt Almannagjá, »Allmännerschlucht«, ihre steilen Basaltwände ragen bis zu 40 Meter hoch auf. Deshalb richteten die Wikinger zu Füßen des Naturdenkmals bei einem einsamen Bauernhof ihren Thingplatz ein, an dem sie alljährlich zur großen Ratsversammlung zusammenkamen. Es heißt, dass der Besitzer des Hofs zuvor wegen Mordes angeklagt und in die Verbannung getrieben worden sei, sodass das umliegende Land der Allgemeinheit zufiel und somit von allen genutzt werden konnte.

Der Platz eignete sich hervorragend: von allen Siedlungen im Süden Islands aus gut zu erreichen, mit saftigem Weideland für die Pferde, reichen Fischgründen und einem Fluss, der die ständige Frischwasserzufuhr gewährleistete. Diesen Fluss, die Öxará, leiteten die Wikinger eigens um, damit die Versammelten direkt am Thingplatz daraus trinken konnten. Als i-Tüpfelchen erwies es sich aber, dass der Platz über eine außerordentliche Akustik verfügt. Stand der Versammlungssprecher oben auf der zentralen Klippe der Schlucht, so konnte man ihn unten auf dem Thingplatz weithin vernehmen, ohne dass er dazu seine Stimme sonderlich heben musste.

Die Insel war in jener Zeit in Godentümer aufgeteilt, Regierungsbezirke, denen jeweils ein Gode als Chef vorstand. Diese Goden trafen sich mit ihrer zugehörigen Gefolgschaft jedes Jahr zur Sommersonnenwende zwei Wochen lang an der Almannagjá zum Althing, währenddessen klärten sie ihre Rechtsangelegenheiten und Streitigkeiten. Natürlich wurde nebenbei auch ordentlich gefeiert, zudem bot sich manch günstige Gelegenheit, allerlei Handelsgeschäfte abzuschließen oder Hochzeiten zu arrangieren.

Das Althing entstand um 930 und existiert noch immer, was es zum ältesten Parlament der Welt macht. Es überdauerte die Zeit der norwegischen Herrschaft, unter der die Godentümer abgeschafft wurden. Erst die Dänen sorgten im Jahr 1800 für die Auflösung des Althings an der Almannagjá und übertrugen dessen Aufgaben an den Obersten Gerichtshof in Reykjavik. Sie konnten aber nicht verhindern, dass das Althing 1844 als isländisches Parlament wiederhergestellt wurde. Freilich tagt es seit dieser Zeit im Alþingishúsið von Reykjavik. Die stolze Ausrufung der Republik Island am 17. Juni 1944 erfolgte jedoch an der historischen Versammlungsstätte zu Füßen der Almannagjá im Þingvellir.

Und noch heute sieht man hier verwitterte Steinmauern, die einst mit Planen überspannt als Lagerstätten dienten. Still erzählen sie von den Jahrhunderten, während derer Islands Männer Jahr für Jahr zur Sommerzeit aus allen Richtungen zur Almannagjá hinzogen, um ihren hohen Rat zu halten, ihr

Zusammenleben zu regeln und die einzelnen Clanmitglieder zu sozialisieren. Damit hatten sie wirklich bemerkenswerten Erfolg, sie schufen die Grundfesten ihrer Gesellschaft, die noch in unseren Tagen wirksam sind.

Kjötsúpa – isländische Lammsuppe

Zutaten für 4 Personen:

1 kg Lammfleisch mit Knochen
500 g Kartoffeln
½ Steckrübe
2 Stangen Porree
4 Möhren
¼ Sellerieknolle
1 Zwiebel
½ Bd. Blattpetersilie
Salz, Pfeffer

Zubereitung:

Das Fleisch in einen Topf mit 1½ l gesalzenem Wasser geben, mit dem Deckel verschließen, aufkochen und 1 Stunde lang bei mittlerer Hitze köcheln lassen, dabei immer wieder den Schaum von der Oberfläche abschöpfen. Anschließend das Fleisch herausnehmen, vom Knochen lösen und in mundgerechte Stücke schneiden. Zwiebeln und Kartoffeln schälen und würfeln, Porree, Möhren, Steckrübe und Sellerie putzen und ebenfalls würfeln bzw. in dünne Scheiben schneiden. Das Fleisch zusammen mit dem Gemüse zurück in die Brühe geben, mit Pfeffer abschmecken, erneut aufkochen und 20 Minuten bei mittlerer Hitze garen, bis das Gemüse weich ist. Die Petersilie waschen, die Blättchen abzupfen, grob hacken und unter die fertige Suppe rühren. Mit Rúgbrauð (Rezept s. Seite 41) oder frischem Graubrot servieren.

Die Suppe kann nach Geschmack zusätzlich mit Graupen oder Reis zubereitet werden, auch kann man noch Kohl (z. B. Weißkohl oder Blumenkohl) hinzugeben. Früher wurde das Fleisch nicht in mundgerechte, sondern nur in grobe Stücke zerteilt, vor dem Servieren aus der Suppe genommen und auf einen separaten Teller gelegt, von dem sich jeder ein Stück aussuchte. Dieses wurde dann klein geschnitten, auf den eigenen Teller gelegt und mit der Suppe übergossen.

Im Reich der Mysterien – die Halbinsel Snæfellsnes

Otto Lidenbrock lebte im Hamburg des 19. Jahrhunderts. Als Geologe forschte er in einer Zeit, in der noch viele ungelöste Fragen die Wissbegier der Naturkundler befeuerten. Kein Wunder, dass es Lidenbrock geradezu elektrisierte, als ihm eines Tages die geheimnisvollen Aufzeichnungen eines isländischen Alchemisten aus dem 16. Jahrhundert in die Hände fielen. Versprachen sie doch womöglich die Aufdeckung eines großen wissenschaftlichen Mysteriums, die das Zeug haben könnte, Lidenbrock enormen Ruhm einzutragen.

Dummerweise hatte jener Isländer sein Manuskript jedoch in einer kryptischen Runenschrift verfasst. Lidenbrocks Neffen, einem cleveren Burschen, gelang es erst nach zermürbend langer Tüftelei, die eigenartigen Zeichen vollständig zu entziffern. Der Alchemist, so enthüllte es der Neffe, behauptete nichts Geringeres, als einen Einstieg in den Vulkan Snæfellsjökull auf der Halbinsel Snæfellsnes im Westen von Island gefunden zu haben. Dort hindurch wollte er eine wagemutige Höhlenwanderung bis tief ins Innere der Erde unternommen haben. Was für eine Herausforderung!

So machte sich Lidenbrock gemeinsam mit seinem Neffen auf die Reise nach Island und heuerte in Reykjavik einen ortskundigen Führer an. Gemeinsam reisten die drei Männer zur Halbinsel Snæfellsnes. Dort bestiegen sie den Snæfellsjökull und kletterten in dessen Krater hinab, wo sie in der erstarrten Lava tatsächlich den Zugang zu einer Höhle entdeckten. Sie nahmen all ihren Mut zusammen und begaben sich auf die riskante Expedition in das verborgene Schattenreich tief im Inneren des Vulkans.

Hier trafen sie auf Gefahren und Bedrohungen aller Art, doch es erwarteten sie auch faszinierende Wunder. Sie gelangten an ein unterirdisches Meer, in dem sich eine Insel mit einem Geysir befand. Riesenhafte Pilze wucherten an den Ufern, und als die kühnen Höhlenforscher mit einem selbstgebauten Floß aufs Wasser hinausfuhren, da wurden sie Zeugen des fürchterlichen Kampfes zwischen zwei Giganten. Den Blicken der Menschen entzogen hausten diese Ungeheuer dort unten in der Tiefe. Lidenbrock identifizierte sie als einen Ichthyosaurus und einen Plesiosaurus, ganz offensichtlich hatten die urzeitlichen Tiere in dieser abgeschiedenen Unterwelt überleben können!

Plötzlich brach ein verheerendes Unwetter los und trieb einen beängstigenden Kugelblitz über das Floß. Die Forscher erschraken zutiefst, doch mutig, wie sie waren, setzten sie ihre Reise dennoch fort. Sie stießen auf zahlreiche weitere Lebewesen, die eigentlich als längst ausgestorben galten.

Als die Männer aber einen Engpass erreichten und nicht weiterkamen, trieb die Neugier sie dazu, alle Vorsicht außer Acht zu lassen. Kurzerhand sprengten sie den weiteren Weg frei und lösten damit eine gewaltige Flutwelle aus. Diese riss das Floß mit sich fort und spülte es schließlich mitsamt den Männern auf einen Strom aus flüssiger Lava. Darauf gelangten sie in den Krater eines ausbrechenden Vulkans und – oh Wunder! – glücklich zurück an die Erdoberfläche. Ihr abenteuerlicher Weg durch die Unterwelt hatte sie vom Snæfellsjökull bis auf die Mittelmeerinsel Stromboli geführt.

Diese Geschichte, Sie ahnen es schon, ist frei erfunden. Doch sie hat den Snæfellsjökull weit über Island hinaus in der ganzen Welt berühmt gemacht. Denn es handelt sich um die Kurzfassung eines der erfolgreichsten Abenteuerromane aller Zeiten: »Die Reise zum Mittelpunkt der Erde« von Jules Verne.

Und es ist kein Zufall, dass Jules Verne gerade den Snæfellsjökull zum Ausgangspunkt seiner fantastischen Reise erkor. Denn schon lange umwehte diesen Berg eine mythische Aura, beflügelt durch Geschichten, die von den Bewohnern der Halbinsel Snæfellsnes seit den Tagen der ersten Siedler erzählt werden.

Der allererste dieser Siedler hieß Bárður Snæfellsás, im heutigen Hellnar gründete er einst seinen Hof. Die Vorzüge der neuen Heimat wusste Bárður dabei durchaus zu genießen, er pflegte bei der Arbeit zu singen und badete danach oft und gerne im malerischen Maar Báðarlaug. Währenddessen mussten die beiden Neffen Bárðurs auf dessen kleine Tochter achtgeben.

Doch einmal verloren sich die jungen Männer im Gespräch und vernachlässigten ihre Pflicht. Die Kleine verschwand spurlos. Wutentbrannt stürzte Bárður den einen Neffen von einer Klippe, den anderen in die Schlucht Rauðsgíl, deren Wände seither vom Blut des Bedauernswerten ganz rot gefärbt sind. Das Mädchen aber trieb auf einer Eisscholle bis nach Grönland und kehrte unversehrt wieder zurück – für die beiden Neffen kam das leider zu spät.

Sein unbeherrschtes Gemüt verdankte jener Bárður dem Trollblut, das in seinen Adern floss. Deshalb besaß er auch eine riesenhafte Gestalt und war stärker als alle anderen Männer. Ja, es heißt, dass er sogar die Zauberei beherrschte. Viele Freunde machte er sich mit seinem aufbrausenden Wesen freilich nicht. Nach einem Gemetzel mit seinem Halbbruder verschwand er schließlich am Snæfellsjökull, wo er noch immer in einem Krater sitzt und seine Schätze bewacht. So weiß es jedenfalls eine populäre Saga, die sich die Menschen auf Snæfellsnes erzählen.

Und so spazieren wir nun durch das idyllische Fischerdorf Arnarstapi und betrachten Bárðurs Statue, die hoch über der Steilküste steht und dem Meer den Rücken zuwendet. Gefahren, so scheint es, drohen nicht von dort, sondern aus dem Landesinneren über ihn hereinzubrechen.

Eine geheimnisvolle Stille umweht diesen Ort. Tief hängende Wolken umhüllen die steil aufsteigenden Berge, als seien sie die wabernden Nebel, die die Anderswelt verbergen. Und die Basaltsäulen an den Klippen wirken wie Stufen, die zur Burg eines Sagenkönigs führen.

Welch beängstigender Geselle muss dieser Bárður gewesen sein, wenn er dem Abbild gleicht, das sich vor uns erhebt! Aus groben Steinblöcken gebaut, zeigt er sich als wuchtiger Klotz, auf dessen bulligen Schultern ein winziges Köpflein ruht, bedeckt von einem runden Hut. Eine lange Nase und ein gewaltiger Bart lugen darunter hervor, und an seiner Seite hält Bárður ein mächtiges Schwert. Wahrhaftig, er wirkt wie ein Troll, und der Gedanke, er könne seine massigen Beine in Bewegung setzen und das Schwert heben, treibt mir kalte Schauer über den Rücken.

Es lässt sich nicht leugnen: Über Snæfellsnes liegt der Schleier des Mysteriösen. Die Halbinsel verbirgt Orte von berückender Schönheit, andere wiederum wirken wie die Exklaven eines fernen, lebensfeindlichen Gestirns. Wir haben den kleinen Krater Saxholl am äußersten Westzipfel von Snæfellsnes bestiegen, gleich am Morgen, als weit und breit noch kein anderer Frühaufsteher in Sicht war. Der Krater erhebt sich aus einem schier endlosen Lavafeld. Blickt man von seinen

Rändern hinab auf die wüste, leere Ebene, so würde man sich nicht wundern, dort ein Außenteam der USS Enterprise bei der Erkundung eines unbekannten Planeten zu erspähen.

Dann wiederum sitzen wir in einem kleinen Café an der beschaulichen Bucht von Hellnar und trinken Tee. Seevögel kreisen über der Küste und das Meer plätschert mit sanften Wellen gegen imposante Felsformationen. Die Sonne drängt sich zwischen den zarten Wattebäuschen der Wolken hervor, sie bringt die Gräser an den Hängen zum Leuchten. Entschleunigung liegen in der Luft, die mit einem Mal ganz lau und frühsommerlich ist. Welch ein herrlicher Ort zum Verweilen!

Snæfellsnes ist voller Überraschungen. Es heißt, dass auch diese Halbinsel die wilde Schönheit ganz Islands in geballter Form repräsentiert, und tatsächlich gelingt ihr das besser als Reykjanes, ihrer südlichen Schwester.

Nur der vielgerühmte Snæfellsjökull entzieht sich der Betrachtung, unwillig hat er sich mit einem Wolkenschleier verhüllt. Er, der Rätselhafte, ist mit 1.756 Metern einer der höchsten Berge von Island und mit bis zu 40 Ausbrüchen seit der letzten Eiszeit auch einer der explosivsten. Dabei dürfte er es eigentlich gar nicht mehr sein, denn schon vor sieben Millionen Jahren schoben sich die Grenzen der Kontinentalplatten fort aus seinem Gebiet. Damit verlagerte sich die vulkanische Gefahrenzone, der Snæfellsjökull kam zur Ruhe. Bis heute weiß niemand, warum er vor zwei Millionen Jahren zu neuem Leben erwachte.

Sind die okkulten Kräfte dafür verantwortlich, die angeblich auf Snæfellsnes wirken? Seit den Zeiten der Sagas werden sie der Halbinsel zugeschrieben. Der isländische Dichter und Literaturnobelpreisträger Halldór Laxness kultivierte dieses geheimnisvolle Fluidum in seinem Roman »Am Gletscher«, und noch heute scheint es für all diejenigen spürbar zu sein, die meinen, besondere Antennen für derlei Kraftfelder zu besitzen.

Snæfellsnes ist nicht nur ein Hotspot für Esoteriker. UFO-Anhänger vermuten auf dem Gipfelgletscher Snæfellsjökull gar einen Landeplatz der Außerirdischen. Tatsächlich beobachtet man hier recht oft Lenticularis-Wolken, das sind linsenförmige Gebilde, in denen sich mit etwas Fantasie leicht eine fliegende Untertasse erkennen lässt.

Auch auf den Spuren des Jules Verne kann man hier wandeln: Es gibt Lavahöhlen, in die man mit fachkundiger Führung hinabsteigen kann, vielleicht in der Hoffnung, tatsächlich den Mittelpunkt der Erde oder doch zumindest ein verschollenes Urzeitwesen aufzuspüren.

Wie schade, dass sich der Snæfellsjökull, der machtvolle Herrscher über diese sagenhafte Welt, heute einfach nicht blicken lassen will!

Doch dann umrunden wir die Westspitze der Halbinsel. Und mit einem Mal liegt er in seiner ganzen weißen Erhabenheit vor uns, über ihm die blaue Weite eines wolkenlosen Himmels. Der eigenwillige Riese hat die Wolken an seiner Südseite festgehalten, wie von Zauberhand ist dagegen der Norden seines Reichs in strahlenden Sonnenglanz getaucht. Ein endloses Bergpanorama erstreckt sich weiter nördlich entlang der Küste, und über allem thront irisierend hell der Gipfel des mächtigen Snæfellsjökull.

Über eine Schotterpiste fahren wir zu ihm hinauf, nur um bald darauf wieder in die Nebelschwaden einzutauchen, die seine Südseite umwogen. Doch er scheint ein Einsehen zu haben und lässt die Wolken ziehen, schon bald enthüllt uns ganz Snæfellsnes seine berauschende Schönheit und Andersartigkeit.

Am südwestlichen Zipfel der Halbinsel haben wir einen schwarzen Kiesstrand entdeckt, an dem sich bizarre Felsformationen zu atemberaubenden Kulissen auftürmen. Wieder betreten wir eine ganz ungewöhnliche Welt: Die Lava ist zu schroffen Riesentoren erstarrt, zu tiefen Schluchten und zur Umrandung versteckter Mulden, die wie fantastische Theaterbühnen wirken. Wäre ich Regisseurin von Fantasyfilmen, hier wäre mein Eldorado!

Diese verwunschene Bucht, die so fremd und doch so friedlich wirkt, ist im März 1948 der Schauplatz eines schrecklichen Dramas gewesen. Bei schwerem Wetter lief ein englischer Trawler auf Grund, und obwohl sogleich Retter aus den nahen Ortschaften Hellissandur, Arnarstapi und Hellnar herbeieilten, gelang es ihnen wegen des hohen Seegangs nicht, zu den Schiffbrüchigen hinauszufahren. Verzweifelt klammerten sich diese an der Takelage fest. Doch die einsetzende Flut brachte gewaltige Brecher mit sich, die das Schiff überrollten und einen nach dem anderen losrissen.

Nur einen einzigen Mann spülte die Brandung lebendig an den Strand. Und erst als schließlich die Ebbe kam, gelang es den Rettern, ein Seil zu den wenigen Verbliebenen zu werfen und sie an Land zu ziehen. Von 19 Besatzungsmitgliedern überlebten nur fünf.

Die Spuren dieses Unglücks sieht man noch heute am Strand von Djúpalónssandur: Weitflächig verstreut liegen rostrote Wrackteile im nachtschwarzen Kies. Die düstere Geschichte, von der sie zeugen, und die großartige Schönheit der Bucht bilden einen fast aberwitzigen Gegensatz. Das ist eine Herausforderung für jeden Fotografen, und so folge ich den Wrackteilen mit meiner Kamera bis zum Rand des Strandes, wo sie mich an das Ufer eines kleinen, versteckten Teichs geführt haben.

Ganz still und spiegelglatt liegt er vor der wilden Lavalandschaft, zartrosa blüht Leimkraut an seinem Ufer. Ein kleiner Vogel pickt aufgeregt am Saum des Wassers, als wolle er mir dort etwas Verborgenes zeigen. Zwischen seiner schwarzen Halskrause und der tief sitzenden Haube blitzt ein schneeweißes Gesichtchen hervor, lebhaft funkeln seine Augen mich an. Und tatsächlich: Dicht unter der Wasseroberfläche leuchtet eine wunderschöne gelbe Blüte, als sei sie der liebliche Gruß einer verwunschenen Nixe, die tief am Grund des Teiches lebt.

Ich lasse die Kamera sinken und verharre. Etwas ist anders an diesem Ort, ich spüre es ganz deutlich.

Rúgbrauðsís með bláber – Roggenbroteis mit Blaubeeren

Zutaten für 4 Personen:

400 g Skyr
400 ml Sahne
150 g Rúgbrauð (ersatzweise Pumpernickel)
130 g brauner Zucker
250 g Blaubeeren

Zubereitung:

Das Rúgbrauð zerbröseln und mit dem Pürierstab oder im Mixer fein zerkleinern. Den Skyr mit der Sahne in eine Schüssel geben, 100 g Zucker und das Rúgbrauð hinzugeben und alles sehr gut vermischen. In die Eismaschine füllen und in ca. 1½ Stunden (je nach Gerät) zu Eis gefrieren.

Die Blaubeeren waschen und putzen, anschließend mit dem restlichen Zucker in einen Topf geben und vorsichtig unter ständigem Rühren erhitzen, bis die Blaubeeren beginnen, zu zerfallen.

Das Eis in Portionsbechern anrichten und mit der noch warmen Blaubeersauce servieren.

Blaubeeren wachsen auf Island in großen Heidefeldern und sind äußerst beliebt, weil sie wichtige Vitamine enthalten. Die Erntezeit ist von Ende August bis Mitte September, mit Begeisterung gehen die Isländer dann zum »berjamór«, wörtlich übersetzt: »Torfschlagen«, und sammeln Blaubeeren, oft mithilfe spezieller Kämme. Einem Volksglauben zufolge weisen Spinnen den Weg zu den besten Erntefeldern, beerensuchende Kinder rufen deshalb oft nach ihnen. Jede Familie kennt ihre eigenen verborgenen Plätze, wo die besten Beeren wachsen, und wahrt dieses Geheimnis sorgsam.

Bei den isländischen Blaubeeren handelt es sich um eine Variante der Beerensorte, die wir auch als Heidelbeeren bezeichnen. Gesammelt werden außerdem Schwarzbeeren, Rauschbeeren (die psychotrope Substanzen enthalten können), Brombeeren und Walderdbeeren.

Zwischen den Welten – von Elfen, Trollen und sonstigen Gelichtern

Die Nächte in Island dauern einen ganzen Winter lang, und zuweilen werden sie von gespenstischen Polarlichtern erhellt. Gigantische Gletscher bedecken das Hochland, abweisend und bedrohlich. Die Erde blubbert und Solfataren rauchen, manchmal explodieren Berge und speien heiße Lava. Über tiefschwarze Strände rollt schäumende Gischt, und das eisige Meer schlägt turmhohe Wellen gegen wild aufragende Klippen.

Wenn man in solch einem Land lebt, dann ist es wohl nicht weiter verwunderlich, dass man an Fabelwesen glaubt. Wenn dann noch urplötzlich dichte Nebel aufkommen, die Wolken bis zum Boden sinken und im gruseligen Dunst die Felsen scheinbar menschliche Gestalt annehmen, wer würde dabei nicht an Geister denken?

Laut Umfragen glauben tatsächlich mehr als die Hälfte der Isländer an die Existenz solcher Wesen, und satte 90 Prozent halten sie immerhin für möglich. Mich haben diese Zahlen überrascht. Denn ich persönlich halte rein gar nichts von Aberglauben oder davon, Volksmythen mit der Realität zu verwechseln. Schließlich leben wir doch in einer aufgeklärten Zeit, Nebel, Polarlichter, Gletscher und Vulkane sind längst von der Wissenschaft entzaubert. Da bleibt kein Platz für überirdische Erscheinungen.

Oder etwa doch? Seit diesem denkwürdigen Augenblick am Strand von Djúpalónssandur bin ich mir nicht mehr sicher. Denn mich befiel von einem Moment zum anderen die felsenfeste Gewissheit, dass dort eine geheimnisvolle Präsenz existierte. Es war etwas Unerklärliches, vielleicht eine Elfe, eine Fee oder eine Nymphe? Sollten die Isländer etwa recht haben?

Zumindest nehmen sie die Existenz dieser Wesen offenbar sehr ernst. Es hat sich ja mittlerweile herumgesprochen, dass sie bei der Planung neuer Bauvorhaben ziemlich umsichtig vorgehen. Da wird schon mal eine Straße im Bogen um eine Stelle herumgeführt, an der man den Sitz einer Elfe vermutet. Das hört sich zunächst reichlich schrullig an, bestenfalls würde man dabei vielleicht noch an einen Marketinggag des Tourismusbüros denken. Doch tatsächlich steckt die Überzeugung dahinter, dass man sich mit den Elfen arrangieren muss und deren Rechte keinesfalls missachten darf.

Es gibt sogar Elfenexperten, die Baugebiete auf die Anwesenheit solcher Wesen prüfen. Entgegen mancher Presseberichte sind diese Fachleute zwar nicht offiziell beim staatlichen Bauamt fest angestellt. Das Baugenehmigungsverfahren schreibt aber vor, dass vor der Bewilligung eines Bauvorhabens geprüft werden muss, ob Kulturgüter durch den Bau beschädigt werden könnten. Und zu den Kulturgütern zählen in Island auch Elfenfelsen. Wo sich diese befinden, wird meist durch die Angaben in alten Erzählungen und Märchen bestimmt. Besteht der begründete Verdacht, ein Fels sei der Wohnort einer oder mehrerer Elfen, so holt man das Gutachten einer kundigen Person ein, bevor die Baugenehmigung erteilt wird.

Großen Ruhm durch ihre Tätigkeit als »Elfenbeauftragte« erlangte die Klavierlehrerin Erla Stefánsdóttir aus Reykjavik, die von 1935 bis 2015 lebte und als herausragende Spezialistin für das Huldufólk galt, jenes verborgene Volk der Elfen und

Trolle. Mit diesen geheimnisvollen Wesen koexistieren die Isländer seit den Zeiten der Besiedlung ihrer Insel. Und auch wenn man das Huldufólk nicht sehen kann, so muss man doch Rücksicht auf seine Mitglieder nehmen. Weder darf man die Felsen beschädigen, in denen sie leben, noch darf man im Freien etwa irgendwelche Steine umherwerfen, denn man könnte ja einen unsichtbaren Naturgeist verletzen.

Wie dramatisch sich die Missachtung des Huldufólks auswirken kann, zeigte sich, als nördlich von Reykjavik ein Golfplatz angelegt werden sollte. Obwohl fleißig gearbeitet wurde, ging es mit dem Projekt kaum voran. Ständig sahen sich die Arbeiter mit unerklärlichen Vorfällen konfrontiert, die das weitere Fortkommen behinderten. So kippte ein 50 Tonnen schwerer Schaufelbagger ohne ersichtlichen Grund einfach auf die Seite, und kaum hatte man ihn mühsam wieder aufgerichtet, da kippte er aufs Neue um. Auch trugen die Bauarbeiter immer öfter Verletzungen davon, obwohl sie umsichtig handelten. Ihr Unmut wuchs, zudem steigerten sich die Kosten allmählich bis ins Uferlose. Ein klarer Fall für Erla Stefánsdóttir, die schließlich herbeigerufen wurde, als sich partout kein Ende der Zwischenfälle abzeichnen wollte.

Erla stellte eine dichte Besiedlung des betroffenen Gebietes mit Elfen, Trollen und Nymphen fest. Sie nahm Kontakt mit den Wesen auf und erklärte ihnen, dass die Arbeiter keine Schuld an der Zerstörung ihres Refugiums trügen, allenfalls derjenige, der das Land an den Golfplatzbetreiber verkauft habe. Die Wesen versprachen ihr, die Arbeiter künftig nicht mehr zu verletzen. Die baulichen Schwierigkeiten setzten sich aber fort, und der frühere Besitzer des Landes erkrankte angeblich kurz darauf schwer.

Zu beachtlichem Ruhm gelangte Erla durch einen anderen Fall, wobei ihrem Einsatz größerer Erfolg beschieden war. In

Kópavogur, einer Gemeinde in der Metropolregion Reykjavik, wurde ein neues Wohngebiet erschlossen. Es sollte eine Straße gebaut und dafür ein störender Felsblock abgetragen werden. Doch alle Versuche, diesen zu entfernen, scheiterten kläglich. Erla erkannte ihn als Elfenhügel, die Straße wurde mittels einer Verengung daran vorbeigeführt, und alle waren zufrieden. Die Straße trägt den Namen Álfhóllsvegur – Elfenhügelweg – und ist heute eine Attraktion für Touristen.

Dramatischer ging es beim Bau eines Autohauses in Reykjavik zu. Mehrere Arbeiter stürzten von einem Gerüst und verletzten sich. Den Grund erkannte Erla in einem Elfenfelsen neben der Baustelle: Die Arbeiter hatten den anfallenden Müll einfach daraufgeschüttet, wobei sich auch noch ein Farbeimer darüber entleerte. Nach der Reinigung des Felsens traten keine Probleme mehr auf.

Jedem, der nicht an Geistwesen glaubt, erscheint die Schilderung solcher Vorkommnisse reichlich bizarr. Doch noch befremdender wirkt Erlas eigene Geschichte und die Selbstverständlichkeit, mit der sie diese erzählte.

Sie behauptete allen Ernstes, als Kind mit Elfenkindern gespielt zu haben, ohne dass ihr dies in irgendeiner Form ungewöhnlich vorgekommen sei. Denn Erla konnte die Elfen vorgeblich sehen, als handle es sich um ganz normale Personen.

Eigenartig seien ihr nur die Elfenhäuser erschienen, bunt bemalt, rund oder kegelförmig, mit spitzen Dächern und Blumengirlanden, dabei ständigen Änderungen unterworfen. Auch die Umgebung dieser Häuser wechselte fortwährend, mal floss ein Bächlein daran vorbei, mal öffnete sich eine wildromantische Schlucht, dann wiederum wuchsen einfach nur hohe Gräser. Denn die Dimension, in der die Elfen existieren, ist ein changierendes Fluidum.

Die kleine Erla war felsenfest davon überzeugt, diese Daseinsebene sehen zu können. Das brachte durchaus auch praktischen Nutzen mit sich. Denn als eines Tages einer Frau aus der realen Welt ihre Brosche verlorenging, bat Erla einen Elfenmann um Hilfe. Dieser erfuhr von einem anderen Elfen, dass die Brosche unter dem Rosenbusch neben der Haustür jener Frau liege. Und dort wurde sie tatsächlich gefunden. Zum Dank für die gute Tat gab Erla dem Elfen einen Teller Grütze. Den aß er zwar nicht leer, nahm aber die enthaltene Energie in sich auf. So erzählte es Erla jedenfalls in ihren Lebenserinnerungen.

Auch später während ihres Erwachsenenlebens änderte sich nichts an ihrer Wahrnehmung der Elfen. Oft streckte sie ihre Hand scheinbar ins Leere, um einen Elfen zu begrüßen, den außer ihr niemand sehen konnte. Am Ende grüßte sie in der Öffentlichkeit nur noch solche Leute mit Handschlag, denen zuvor ihr Mann die Hand gereicht hatte.

Erla bemühte sich zeitlebens darum, zwischen Menschen und Elfen zu vermitteln, sie stellte klar, dass man stets sehr achtsam mit den Geistwesen umgehen müsse. So sieht man vielerorts in den Gärten winzige bunt bemalte Häuschen, bei denen es sich um Geschenke an die Elfen handelt. Die Isländer haben grundsätzlich gerne Elfen in ihrer Nähe, andererseits steckt auch eine praktische Erwägung dahinter. Denn hat man einen Elfenwohnsitz durch den Bau des eigenen Hauses beeinträchtigt, so können die Elfen in diese Ersatzhäuser umsiedeln. Sonst wäre es nämlich möglich, dass sie sich ärgern. Dann verschwinden vielleicht plötzlich Dinge aus dem eigenen Haus oder es kommt sogar zu schlimmeren Vorfällen.

Zwar sind Elfen durchaus freundliche Wesen, doch hat man es sich mit einer von ihnen verscherzt, so sind die Folgen beträchtlich. Elfen sind nachtragend und schwer zu versöhnen. Erla riet in solchen Fällen dazu, Kerzen zu entzünden, zu singen und mit der Elfe zu sprechen. Helfe all dies nicht, so bleibe nur noch die Möglichkeit, einen Elfenexperten zu Hilfe zu holen. Und davon gibt es in Island eine ganze Reihe.

Doch woher stammen die unsichtbaren Mitbewohner? Die Legende weiß, dass Gott eines Tages kurzfristig seinen Besuch bei Eva ankündigte. In Windeseile wusch sie ihre Kinder, damit diese einen guten Eindruck machen sollten. Doch leider übersah sie in der Hektik die Hälfte ihrer Kinderschar, und weil diese nicht ungewaschen vor Gottes Augen treten sollten, versteckte Eva sie kurzerhand. So wurden sie zum Huldufólk, das sich bis heute versteckt und unsichtbar bleibt.

Und wie findet man die mystischen Wesen, wenn man nicht mit einer medialen Begabung gesegnet ist wie Erla Stefánsdóttir? In manchen Buchhandlungen werden Karten verkauft, auf denen die mutmaßlichen Wohnorte des Huldufólks verzeichnet sind. Vergleichsweise leicht müsste sich die Suche in Hafnarfjördur gestalten, einer Stadt im südlichen Ballungsgebiet von Reykjavik. Hafnarfjördur rühmt sich nämlich damit, die größte Population von Elfen, Feen, Zwergen und dergleichen in ganz Island zu beherbergen. Angeblich gibt es in der dortigen Parallelwelt sogar ein Elfen-Konzerthaus und ein Café, in dem die Naturgeister nach dem Musikgenuss zum Plaudern zusammenkommen. Und auf einem kahlen Hügel über der Stadt soll die Elfenkönigin residieren.

Der Elfenkönig mitsamt seinem Hofstaat lebt hingegen im abgelegenen Fischernest Bakkagerði im Osten der Insel. Dieser Ort hat nur 80 Einwohner, dafür aber eine eigene Elfenburg. Sie befindet sich im Felsen Álfaborg direkt neben einer kleinen Kirche, deren wichtigstes sakrales Prunkstück ein Altargemälde ist, das Jesus zeigt, der bei der Bergpredigt auf eben jener Álfaborg steht.

Wir haben Bakkagerði besucht und die Álfaborg erklommen. Gespannt stand ich dort oben und schärfte sämtliche Sinne in der Hoffnung, ein ähnliches Gefühl wie am Strand von Djúpalónssandur zu empfangen. Doch so sehr ich mich auch bemühte, es passierte nichts. Vielleicht lag das aber auch an dem dröhnend lauten Aufsitzrasenmäher, der zu Füßen der Elfenburg seine Kreise zog …

Da haben sich die Elfen vielleicht tief ins Innere ihrer Burg zurückgezogen, um der Lärmbelästigung zu entgehen. Der Umgang mit ihnen, das haben wir inzwischen gelernt, ist ziemlich kompliziert und bedarf einer gewissen Expertise.

Deshalb gibt es seit 1995 in Reykjavik die »Álfaskólin«, eine Elfenschule. Hier studiert man anhand von Vorträgen, Lehrbüchern, Dokumentarfilmen und Exkursionen alles Wissenswerte über die 13 verschiedenen Elfenarten, manche davon mit langen, dürren Beinen, riesigen Ohren und wuscheligen Haaren, andere hingegen von normalen Menschen nicht zu unterscheiden. Außerdem erfährt man noch von den Zwergen mit ihren spitzen Hüten, Bärten und langen Mänteln, daneben von den drei Arten der Feen und den zwei Typen von Trollen.

Was hat es nun eigentlich mit diesen Trollen auf sich? Sie stammen aus der alten Mythologie Norwegens und sind im Gegensatz zu den Elfen und Feen nicht gerade menschenfreundlich gesinnt. Es steht zu vermuten, dass sie zusammen mit den ersten Siedlern aus Norwegen nach Island zogen, um dort weiterhin ihr Unwesen zu treiben.

Trolle sind Gestalten der Nacht, nur bei Dunkelheit ziehen sie umher. Misslingt es einem Troll, vor Tagesanbruch in seine Behausung zurückzukehren, so versteinert er mit dem ersten Sonnenlicht an Ort und Stelle. Trolle sind böse, deshalb werden sie gefürchtet. Ihre Wohnorte muss man großräumig umgehen, kein Bauer würde es wagen, dort Gras zu mähen, geschweige denn einen Felsen zu versetzen oder ein Loch zu graben. Kennt man eine Stelle, an der solch ein Troll haust, so wird diese zur Warnung mit einer kleinen Steinpyramide markiert. Und mancherorts pflanzen Bauern sogar Reihen von Bäumen an den Berghang, um sich vor den nächtlichen Steinwürfen der Trolle zu schützen.

Sind diese Bauern von einer Zwangsneurose besessen? Will man in der Elfenschule bloß naiven Mitmenschen das Geld aus der Tasche ziehen? Sind Erla Stefánsdóttir und ihre Kollegen nichts als verrückte Scharlatane?

Geister, Feen, Elfen, Wiedergänger und Trolle hatten seit jeher einen festen Platz in der Sagenwelt. Überall in Europa waren solche Naturgeister früher präsent, doch im Lauf der Jahrhunderte merzten die christliche Religion und später der Geist der Aufklärung den Glauben daran allmählich aus.

Bedenkt man, dass Island während dieser Zeit weitgehend isoliert blieb, dass dort bis ins 19. Jahrhundert hinein keine Städte existierten und die Menschen ganz abgeschieden auf weit verstreuten Bauernhöfen lebten, so ist es nicht verwunderlich, dass die Überzeugung von der Existenz der Geistwesen hier überlebt hat. Sie konnte sich selbst gegen den christlichen Glauben behaupten, der vor mehr als 1.000 Jahren in Island Einzug hielt.

Viele junge Städter wenden sich allerdings inzwischen davon ab. Elfen, so scheint es, passen einfach nicht mehr in die moderne Welt. Und dennoch hält sich der Glaube an die Naturwesen in großen Teilen der Bevölkerung hartnäckig.

Elfen und Feen, Trolle, Zwerge und Wiedergänger sind eben ein wichtiger Teil des kulturellen Erbes der Isländer. Und wer kann schon mit Fug und Recht behaupten, dass etwas nicht existiert, nur weil man es nicht sieht?

Kleinur – isländisches Schmalzgebäck

Zutaten:

500 g Mehl
150 g Skyr
120 g Zucker
80 ml Milch
50 g Butter (zimmerwarm)
2 Eier
½ Pck. Backpulver
1½ Tl Kardamom
1 Tl Hirschhornsalz
Salz
reichlich neutrales Öl zum Frittieren
Puderzucker
Mehl für die Arbeitsfläche

Zubereitung:

Skyr, Eier und Milch in eine Schüssel geben und gut miteinander vermischen. Nun Backpulver, Butter, Hirschhornsalz, Zucker, Kardamom sowie eine Prise Salz unterrühren, danach das Mehl hinzustreuen und mit den Händen rasch verkneten, bis ein glatter Teig entstanden ist.

Die Arbeitsfläche mit Mehl bestäuben und den Teig darauf ca. 5 mm dick ausrollen. Mit der Teigrolle Rauten von ca. 5 cm Seitenlänge daraus schneiden, in die Mitte jeder Raute eine Kerbe schneiden und eine Spitze der Raute ganz dort hindurchziehen, sodass am Ende wieder eine Rautenform entstanden ist.

Das Öl in einem Topf oder in der Fritteuse auf 180°C erhitzen und die Kleinur portionsweise darin goldbraun ausbacken. Auf Küchenkrepp entfetten und anschließend auf einem Gitterrost auskühlen lassen. Vor dem Servieren mit etwas Puderzucker bestäuben.

In Island sind die Kleinur ein beliebtes Alltagsgebäck und überall in den Bäckereien oder verpackt im Supermarkt erhältlich. Früher wurden sie in Hammelschmalz ausgebacken. Das Rezept findet sich schon im allerersten isländischen Kochbuch, das der Jurist Magnús Stephensen im Jahr 1800 herausgab.

Man tunkt die Kleinur gerne in Tee oder Kaffee. Sie schmecken kalt oder warm und sind ganz frisch am leckersten. Will man sie aufbewahren, so friert man sie am besten ein und backt sie vor dem Servieren kurz im Backofen auf.

Schönheit mit sanften Augen – das Islandpferd

Als wir die Halbinsel Snæfellsnes wieder verlassen wollen, um unsere Rundreise in Richtung Norden fortzusetzen, kommen wir an einem unscheinbaren Ort vorbei. Von der Hauptstraße zweigt eine schmale Straße dorthin ab, auf dem Wegweiser steht »Lýsuhóll«. Nichts daran ist in irgendeiner Form spektakulär. Am Ende der mit bleichem Gras bewachsenen Küstenebene steigen die Berge steil empor, am tiefschwarzen Geröll ihrer Hänge kleben vereinzelte Schneefelder, die der Winter dort vergessen hat. Auf den Gipfeln lastet ein tief hängender Wolkenteppich in lustlosem Grau. Fast könnte man meinen, dass Lýsuhóll tatsächlich irgendetwas mit der Hölle zu tun hat, allerdings mit einer ziemlich kalten und langweiligen.

Trotzdem halten wir an und ich mache ein Foto. Das schicke ich gleich weiter an meine Freundin Heike, die sich prompt freut wie eine Schneekönigin, die an die Verlockungen eines fernen Paradieses erinnert wird. Denn vor vielen Jahren hat sich Heike genau hier, am Reiterhof von Lýsuhóll, zwei Islandpferde auserkoren und diese nach Deutschland verschiffen lassen. Fortan hing ihr Herz an diesen Tieren, nicht minder aber an deren isländischer Heimat.

Sie hat mich sogleich streng ermahnt, als ich einmal in laienhaftem Leichtsinn von »Islandponys« sprach. Islandpferde sind zwar klein – ihr Stockmaß erreicht einen Wert zwischen 125 und knapp 150 Zentimetern. Aber mit ihrer Leistung stehen sie großen Pferden fast in nichts nach. Für wahre Kenner sind sie deshalb vollwertige Pferde und keinesfalls Ponys, bei denen man gleich an Kinderreiten und Streichelzoo denkt. Wer es mit der Klassifizierung ganz genau nimmt, darf die Isländer allenfalls als »Kleinpferde« bezeichnen, wenn er sich unter den Fans der Tiere nicht unbeliebt machen will.

In Húsavík lerne ich ein paar Tage darauf Iðunn kennen, jene Frau, die mir später von Islands Menschen, deren DNA und sonstigen Besonderheiten berichtet hat. Iðunn leitet gemeinsam mit ihrem deutschen Mann einen Isländerhof, deshalb weiß sie alles über die stolzen kleinen Pferde und erzählt mir gerne davon.

Zunächst einmal, das ist auch für jeden Banausen augenfällig, sind Islandpferde ausgesprochen hübsch. Sie haben einen wohlgeformten Kopf mit ausdrucksstarken Augen, meist üppiges Schweif- und Mähnenhaar, dazu tragen sie die unterschiedlichsten Farben. Eine wahre Freude ist es, so eine Herde zu beobachten: Da gibt es Braune mit vollen schwarzen Mähnen, Rappen mit bläulich schimmerndem Fell, Schimmel, Falben, Isabellen und Füchse, dazwischen lustige Schecken und silbrig schimmernde Graue. Wächst ihr Fell im Winter zu einem flauschig-dicken Pelz heran, so ist auch ihr Sommerfell dicht und lang genug, um sämtliche Unbill des Wetters abzuwehren.

Von Iðunn erfahre ich, dass es rund 78.000 Islandpferde auf der Insel gibt. Wenn ich jetzt im Nachhinein resümiere, wie viele Pferde ich auf unserer Rundfahrt insgesamt gesehen habe, so beschleicht mich das Gefühl, dass es jedes einzelne davon gewesen sein muss. Die attraktiven Tiere sind wirklich allgegenwärtig.

Dabei, so weiß Iðunn, gibt es auch in Deutschland beachtliche 65.000 Exemplare, was Deutschland zum größten Isländer-Zuchtgebiet außerhalb von Island macht. Und hier kommt sie gleich auf eine große Besonderheit der isländischen Zucht zu sprechen: Ein Pferd, das die Insel verlässt, darf nie wieder dorthin zurück. Damit will man verhindern, dass Krankheiten nach Island eingeschleppt werden.

Eigentlich sei das doch gar nicht so unvernünftig, werfe ich ein. Doch Iðunn schüttelt den Kopf. »Natürlich hat die Maßgabe ihren Sinn. Aber manchmal macht sie uns auch ganz schön traurig.« Dann erzählt sie von Myrkvi, einem prächtigen schwarzen Wallach aus ihrer Zucht. Ihr Mann hat ihn lange trainiert und zu einem verlässlichen Turnierpferd ausgebildet. Schließlich erwies sich Myrkvi als so erfolgreich, dass er etliche Turniere auf der Insel gewann. Das machte es zu einer Frage der Ehre, Myrkvi auch zur Teilnahme an der Weltmeisterschaft der Islandpferde anzumelden. Hierbei streiten Teilnehmer aus rund 20 Ländern in verschiedenen Wettbewerben alljährlich um die Titel der Besten. Doch leider findet diese Weltmeisterschaft nie in Island statt, weil dazu keine Pferde aus dem Ausland einreisen dürften. Der Austragungsort befand sich deshalb in Berlin.

Für Myrkvi hieß das, seine Heimat auf Nimmerwiedersehen verlassen zu müssen. Nach seinen Auftritten in Berlin wurde er verkauft und erfreut nun einen Turnierreiter in der Lüneburger Heide.

»Das ist schon ziemlich schmerzhaft, wenn man jahrelang mit einem Pferd gearbeitet hat.« Iðunn seufzt und verdreht die Augen bei der Erinnerung. Doch dann nickt sie schicksalsergeben. »Aber wir leben nun einmal davon, unsere Pferde an Liebhaber im Ausland zu verkaufen. Um uns in deren Kreisen einen Namen zu machen, müssen wir auch immer wieder bei

Weltmeisterschaften antreten. Dann haben wir keine andere Wahl, als uns danach von unseren Schützlingen zu trennen. Insofern ist das strenge Wiedereinfuhrverbot für uns ein echtes Handicap.«

Bei den Wettbewerben der WM zeigen die Isländer, was in ihnen steckt. Geben sich normale Pferde und ihre Reiter mit den drei Gangarten Schritt, Trab und Galopp zufrieden, so setzen die Isländer dem nicht nur eins drauf, sondern sogar gleich zwei. Denn Isländer können außerdem noch Tölt und Pass. »Das ist es, was sie bei Freizeitreitern so beliebt macht,« schmunzelt Iðunn. »Denn besonders der Tölt ist ausgesprochen bequem.« Im Gegensatz zur normalen Schrittfolge eines Pferdes haben beim Tölt immer ein oder zwei Hufe Bodenkontakt, eine Schwebephase gibt es nicht. Entsprechend weniger Erschütterungen werden über den Pferderücken an den Reiter weitergegeben. Der Vorteil dieser Fortbewegungsweise zeigt sich spätestens, wenn der Tölter ein Tempo erreicht hat, das dem Trab entspricht. »Da sitzt man wie auf einem gemütlichen Schaukelstuhl, besonders für Reiter mit Rückenproblemen ist das ideal.« Iðunn wiegt ihren Oberkörper zur Veranschaulichung gemächlich vor und zurück. Ich verstehe, was sie meint. Wenn man als Reiter den Trab seines Pferdes aussitzt, dann wird man ganz schön durchgerüttelt.

Beim Pass hingegen, der anderen Spezialgangart der Islandpferde, setzen die Hufe im Zweiertakt abwechselnd jeweils auf einer Seite parallel zueinander auf, dazwischen entsteht eine kurze Schwebephase. Diese Fortbewegungsart wird im Renntempo geritten und ist für das Pferd sehr anstrengend. Der Rennpass gilt als Königsgangart, es gibt nicht viele Pferderassen, die ihn beherrschen. Iðunns Augen leuchten vor Stolz. »Gæðingur nennt man unsere besten Pferde, sie sind Meister in allen fünf Gangarten.«

Ich nicke anerkennend. Meine nächste Frage, so meine ich, drängt sich förmlich auf: »Woher haben die Isländer denn diese besonderen Talente?« Missbilligend verzieht Iðunn das Gesicht. »Die Frage sollte eher lauten, warum können andere Pferde das nicht? Oder besser, warum können sie es nicht mehr?« Man gehe davon aus, erklärt sie, dass früher wohl ziemlich viele Pferde zumindest den Tölt beherrschten. Noch im Mittelalter waren Zelter als Reitpferde beliebt, die sowohl Tölt als auch Pass beherrschten. Das Reiten im später aufkommender Seitsattel wäre in anderen Gangarten gar nicht möglich gewesen. Doch ab dem 15. Jahrhundert wurden Kutschen populär, das Reiten kam dadurch zumindest zeitweise außer Mode. Vor die Kutsche gespannt, liefert ein Pferd aber im Trab die beste Leistung ab. Deshalb stellte man in dieser Epoche die Zucht auf Traber um, erst im letzten Jahrhundert wurden die Vorteile des Tölts allmählich wiederentdeckt.

»Aber was sollten wir hier in Island mit Kutschen anfangen? Unser Gelände ist viel zu unwegsam, ein Straßennetz existierte nicht. Lasten transportierte man deshalb auf dem Pferderücken. Und auch das Reiten war stets die Fortbewegungsweise der Wahl, wollte man nicht zu Fuß gehen«, fährt Iðunn fort. »Und für Reiter gibt es nun einmal nichts Besseres als den Tölt, besonders, wenn man lange Strecken zurücklegen muss. Soll es hingegen einmal richtig schnell gehen, dann empfiehlt sich der Rennpass. Gerade in unserem Gelände ist er dem Galopp klar überlegen, die Gefahr, dass das Pferd stolpert und ins Straucheln gerät, ist dabei nämlich viel geringer.«

Die Ahnen der Islandpferde erreichten die Insel schon mit den ersten Siedlern aus Norwegen. Im Lauf der Jahrhunderte kamen hin und wieder andere Kleinpferde aus Schottland, Irland, England und Skandinavien, die sich mit den heimischen Tieren vermischten, auch einzelne Vollblüter sollen an der Entstehung der heutigen Population beteiligt gewesen sein.

Die Vorteile der Pferde liegen klar auf der Hand: Sie eignen sich nicht nur als Reit- und Lasttiere, für Islands Bauern stellten sie auch pflegeleichtes Nutzvieh dar. Besonders im grasreichen Süden der Insel waren sie neben den Schafen stets die wichtigsten Fleischlieferanten. Noch heute werden sie dort als Schlachtvieh gehalten, während man sich im Norden von Island auf Reitpferde spezialisiert hat. Deshalb, so erläutert Iðunn, seien die Pferde im Norden auch schlanker und eleganter als ihre plumperen Verwandten im Süden.

Von jeher sind Islandpferde an das Leben im Freien gewöhnt, stoisch ertragen sie das nordische Klima. Dank ihres dichten Winterfells können sie das ganze Jahr über draußen verbringen. Im Sommer treiben Iðunn und ihr Mann große Herden ins Hochland, wo die Tiere die wärmere Jahreszeit verbringen. Hier leben sie wie Wildpferde ohne menschliche Aufsicht, bis sie im Spätsommer auf die Weiden des heimischen Hofs zurückkehren. Doch auch diese sind so groß, dass es fast wirkt, als lebten die Tiere noch immer in Freiheit.

»Von Geburt an müssen sie mit ihrer rauen Umgebung klarkommen«, fährt Iðunn fort. »Deshalb sind sie äußerst robust und vielleicht auch so langlebig. Ein Isländer entwickelt sich spät, erst mit sieben ist er ausgewachsen. Doch kann er mit Leichtigkeit ein Alter von mehr als 35 Jahren erreichen, und mindestens bis er 25 ist, kann man ihn reiten.«

Dank der jahrhundertelangen Haltung in Freiheit haben die Islandpferde sich Selbstbewusstsein, Mut und Gelassenheit bewahrt. Nichts bringt sie so leicht aus der Fassung. Die ständige Nähe der Herde macht sie außerdem zu geselligen Tieren. Sie sind kontaktfreudig, sozial und aufmerksam, Vorteile, die sich die Menschen zunutze machen. »Weil sie so gutmütig sind, eignen sie sich auch hervorragend für Kinder. Vermutlich sind sie überhaupt erst deshalb bei euch in Deutschland so wahnsinnig beliebt geworden. Sie wurden zu richtiggehenden Filmstars!« Als ich Iðunn fragend anschaue, erzählt sie mir lachend, wie es dazu kam.

»Mein Mann schwärmt dauernd davon. Für ihn ist es der Inbegriff des Kindheitsglücks schlechthin. Wer weiß, ohne den Eindruck dieser Bilder wäre er vielleicht nie dazu bereit gewesen, mich zu heiraten und auf Island Pferde zu züchten«, schmunzelt Iðunn und spricht von den Immenhof-Filmen, die mit ihren Heile-Welt-Geschichten in den Fünfzigerjahren riesige Erfolge feierten. Neben den putzigen, aber viel zu kleinen Shetlandponys benötigte man dazu auch Tiere, auf denen die jugendlichen Hauptdarsteller reiten konnten. Auf der Suche nach größeren Pferden, die den Shetlandponys in puncto Niedlichkeit das Wasser reichen konnten, stieß die Casting-Crew auf die Islandpferde. So kam es, dass diese erstmals vor der Kamera standen und dem deutschen Kinopublikum zeigen konnten, was alles in ihnen steckte.

»Die Immenhof-Filme lösten in den Fünfziger- und Sechzigerjahren einen regelrechten Boom aus. Damals riss man sich förmlich um die Tiere, sie wurden massenweise nach Deutschland exportiert«, weiß Iðunn. »Das trug natürlich dazu bei, dass die Zucht von Islandpferden auch bei uns wieder interessant wurde.« In der ersten Hälfte des letzten Jahrhunderts hatte diese nämlich einen drastischen Niedergang erlebt, was auf die zunehmende Erschließung Islands und das Aufkommen motorisierter Fahrzeuge zurückzuführen war.

Doch davon ist nichts mehr zu spüren. Rings um die Insel reihen sich die Pferdehöfe aneinander. Ist man wie ich ein Pferdefan und möchte die prächtigen Tiere während der

Rundfahrt immer wieder mal in Ruhe anschauen oder vor atemberaubenden Panoramen ablichten, so kommt man kaum voran. Fragen Sie meinen Mann, er kann ein Lied davon singen …

Beinlausir fuglar – »knochenlose Vögel''

Zutaten für 4 Personen:

1 kg Lamm-, Rind- oder Pferdefleisch zu dünnen, ca. 15 cm langen Scheiben geschnitten
100 g durchwachsener Speck in dünnen Scheiben
60 g Butter
2 El Mehl
Salz
Pfeffer

Zubereitung:

Die Fleischscheiben salzen, pfeffern, jeweils eine Scheibe Speck darauflegen und so aufrollen, dass der Speck auf der Außenseite ist. Mit Zahnstochern oder kleinen Rouladennadeln fixieren.

Die Butter in einer Pfanne zerlassen und die Fleischröllchen darin ringsum braun anbraten. Mit 500 ml Wasser ablöschen, aufkochen, dann die Hitze reduzieren, mit dem Pfannendeckel abdecken und 2 Stunden lang bei milder Hitze fertig garen.

Das Mehl im Schüttelbecher mit etwas Wasser gut verquirlen. Die Fleischröllchen aus der Pfanne nehmen, das Mehlwasser in die Sauce rühren, aufkochen und andicken lassen. Mit Salz und Pfeffer abschmecken, dann das Fleisch wieder hineinlegen und servieren.

Dazu gibt es traditionell grüne Erbsen, Salzkartoffeln (oder auch karamellisierte Kartoffeln, Rezept s. Seite 20) und Rabarbarasulta (Rhabarbermarmelade, siehe rechts).

Rabarbarasulta – Rhabarbermarmelade

Zutaten:

2 kg Rhabarber
1.500 g Zucker

Zubereitung:

Den Rhabarber waschen und in ca. 2 bis 3 cm dicke Scheiben schneiden. In einen Topf geben und mit dem Zucker vermischen. Abdecken und 12 Stunden ziehen lassen. Anschließend aufkochen und dann bei milder Hitze 1½ Stunden unter gelegentlichem Rühren weiterköcheln lassen.

In heiß ausgespülte Schraubgläser abfüllen, mit dem Deckel gut verschließen und sofort für 10 Minuten auf den Kopf stellen. So ist die Rabarbarasulta mehrere Monate lang haltbar. Nach Anbruch sollte sie im Kühlschrank aufbewahrt werden.

Für Rabarbaramauk verfährt man wie oben, nur wird nach den 12 Stunden des Durchziehens die entstandene Flüssigkeit durch ein feines Tuch abgegossen und in einem Topf auffangen. Aufkochen und dann bei milder Hitze weiterköcheln, bis die Flüssigkeit gut eingedickt ist, danach wie oben in Gläser abfüllen und wie Honig verwenden. Rabarbaramauk schmeckt auf Rúgbrauð (Rezept s. Seite 41) besonders gut.

In Island wird Rabarbarasulta nicht nur aufs Brot geschmiert, sondern dient vor allem als klassische Beilage zu Fleischgerichten.

Glaube und Unbeständigkeit – ein Torfkirchlein erzählt Geschichte

Manchmal ist es der pure Zufall, der zu den besten Entdeckungen führt.

Mit unserem Weg von Hellnar auf der Halbinsel Snæfellsnes bis nach Akureyri im Norden müssen wir eine Strecke von 430 Kilometern bewältigen. Das ist ganz schön viel, zumal es nicht wirklich schnell vorangeht. Und außerdem darf man ja auch die vielen Fotostopps nicht vergessen. Wir haben deshalb für diese Fahrt keine weiteren Besichtigungspausen eingeplant.

Die Landschaften, durch die wir fahren, sind wirklich spektakulär. Streckenweise sieht es aus, als seien wir mitten ins Braunkohletagebaugebiet geraten, und während wir dort eine Fotopause einlegen, zieht ein Seeadler majestätisch seine Kreise über unseren Köpfen.

Später geht es bei strahlendem Sonnenschein über weite Hochlandebenen, und in der Ferne erheben sich schneegekrönte Gebirgsketten, die wie oben abgeschnitten wirken. Ich weiß ja nun, dass die mächtigen Eiszeitgletscher dafür verantwortlich sind.

Durch eine grüne Landschaft aus Seen und Hügelketten fahren wir schließlich parallel zur Nordküste. Am Meeresarm Skagafjörður gelingen mir meine allerschönsten Pferdefotos. Die Farben sind hier von wirklich sagenhafter Intensität.

Irgendwann kommt man aber doch um eine etwas ausgiebigere Pause nicht herum. In der Hoffnung, einen dafür geeigneten Platz zu finden, biegen wir deshalb wenig später von der Ringstraße 1 in eine schmale Abzweigung ein. Sie endet nach etwa 500 Metern direkt auf einem kleinen Parkplatz, der sogar ein Toilettenhäuschen zu bieten hat. Solche Rastplätze gibt es übrigens überall, und sie sind stets überraschend gut gepflegt.

Doch das ist nicht die Besonderheit dieses Ortes. Denn gleich gegenüber vom Parkplatz liegt die Víðimýrarkirkja, eine der letzten erhaltenen Torfkirchen von Island. Begeistert über unseren Zufallsfund nehmen wir das Kirchlein näher in Augenschein. Dahinter erstreckt sich eine weite grüne Ebene, gerahmt von schneebedeckten Bergen. Das ergibt ein Gesamtbild, fast zu schön, um wahr zu sein.

Das Kirchlein stammt aus dem Jahr 1834. Bereits zuvor gab es hier aber eine Bauernkirche aus dem 12. Jahrhundert, deren Bauform bei der Erneuerung beibehalten wurde. Seit 1936 steht die Víðimýrarkirkja als kulturell wertvolles Bauwerk unter dem Schutz des Nationalmuseums.

Noch im 19. Jahrhundert existierten überall in Island zahlreiche Kirchen dieser Bauweise, nur sechs blieben bis heute erhalten. Drei davon sind noch immer Pfarrkirchen, dazu zählt auch die Víðimýrarkirkja.

Ihre beiden Glocken hängen in der Pforte, die zum Kirchhof führt. Zwischen schlichten Grasgräbern liegt wie ein überdimensionaler Maulwurfshügel die kleine Kirche, aus deren schwarzer Holzfront sich eine Tür und zwei Fenster mit roten Rahmen abheben. Der Rest des Gebäudes ist grasbewachsen, aus der Dachfläche lugt ein winziges Fenster zwischen den saftig grünen Halmen hervor. Vor seinem Rahmen blüht ein quietschgelber Löwenzahn, als wolle er dem Fenster einen gebührenden Blumenschmuck verleihen. Neben der

Holzfront und ganz unten an den Seitenwänden liegen die Torfplaggen offen und gewähren einen Einblick in die Konstruktionsweise des Kirchleins.

Für den Bau verwendete man, was die Umgebung zu bieten hatte. Das war nicht allzu viel, außerdem standen im Mittelalter nicht übermäßig viele Arbeitskräfte zur Verfügung. Ein Gotteshaus wünschten sich die Bauern in ihrer Abgeschiedenheit aber doch, und so musste eben mit geringen Mitteln das Bestmögliche erreicht werden. Während als Grundmauern noch Brocken aus Islands leichtem und brüchigem, aber schwer zu bearbeitendem Vulkangestein dienten, entstand das Rohgerüst aus Treibholz. Drum herum wurden sorgfältig getrocknete Torfstücke aufgeschichtet und diese dann mit Grassoden bedeckt. Die dicke Schicht aus Torf und Gras bietet dabei eine leidlich gute Isolierung, trotzdem blieb es im Inneren feucht und kühl.

Doch nicht nur Kirchen entstanden auf diese Weise. Hatten die Wikinger ursprünglich noch ihre üblichen Langhäuser errichtet, so standen sie mit dieser Bauweise in Island schnell vor einem großen Problem. Die Langhäuser machten ihrem Namen alle Ehre, unter ihren Dächern lebten ganze Familien zusammen. Weil sie zusätzlich der Lagerhaltung des Hofs dienten und oft auch noch Platz für Stallungen boten, erreichten sie eine beachtliche Länge.

Zum Bau eines solchen Langhauses benötigt man deshalb sehr viel Holz. Doch Holz wurde im kargen Island schon bald zur Mangelware. Diese Not brachte die Bauern schließlich auf die Idee, einfach die Grassoden ihres Bauplatzes als Material zu nutzen. Lediglich für Giebel und Dachstuhl benötigte man jetzt noch Holz, gab es davon zu wenig, baute man das Haus halb in einen Hügel oder lehnte es in eine Aushöhlung im Fels. Um dem Bauwerk Struktur und Stabilität zu verleihen, stach man Torf, der im moorreichen Island vielerorts zu finden ist, trocknete die Plaggen und verwendete diese als Untergrund für die Grassoden. Das Dach deckten die Bauern mit flachen Steinen, die wiederum mit Grassoden belegt wurden: Fertig war der Torfhof.

Von außen sah man Holz jetzt nur noch im Bereich der Eingangstür an der Giebelseite. Weil es ansonsten am Torfhof nicht viel zu verzieren gab, schmückte man die Tür gerne mit aufwendigen Dekors. Sie öffnete sich zum düsteren Inneren des Hauses.

Die Halle, der wichtigste Raum, konnte durch ein großes Feuer beheizt werden. Ihr Boden war meist einfach fest gestampft, nur bei wohlhabenderen Familien bestand er aus Stein oder sogar aus dem kostbaren Holz. An den Seiten der Halle reihten sich die Betten aneinander, der Raum diente aber auch als Esszimmer. In den Abendstunden versammelten sich die Bewohner ums Feuer, erzählten Geschichten und sangen Lieder, währenddessen widmete sich jeder seiner Handarbeit. Die Küche befand sich in einem abgeteilten Raum, über ihrem offenen Herdfeuer hingen Fleischstücke und Würste im Rauch.

Doch Torf ist kein besonders haltbares Material. Allzu oft mussten die Plaggen ersetzt werden, und manchmal half auch das nicht mehr. Dann blieb keine Wahl, als ein neues Haus zu errichten. Das war lästig und aufwendig, deshalb ist es nicht verwunderlich, dass es heutzutage kaum noch Grassodenhäuser in Island gibt. Es ist schließlich auch dort kein Problem mehr, an alle Arten von Baumaterial heranzukommen.

Nur Liebhaber erhalten sich ihre Grassodenhäuser. Einen solchen gibt es zum Beispiel in Bakkagerði, auffällig rot leuchtet die Giebelseite seines Hauses unter dem Gras hervor. Es steht gleich neben der Álfaborg des Elfenkönigs und scheint mit dieser um den Rang des besten Wohnplatzes von Bakkagerði zu konkurrieren.

Auch im kleinen Weiler Glaumbær, nur zehn Kilometer von der Víðimýrarkirkja entfernt, gibt es noch einen Torfhof. Dieser ist recht groß, er hat sechs weiße Giebel und besteht aus 13 Räumen. Heute wird er als Museumshof betrieben und kann besichtigt werden. Der Hof Glaumbær, so heißt es, wurde von niemand anderem als von Guðríðr Þorbjarnardóttir und deren Mann gegründet. Sie erinnern sich? Guðríðr reiste als erste europäische Frau bis nach Kanada und brachte dort ein Kind zur Welt.

Doch kehren wir zurück zur Víðimýrarkirkja. Ihr Inneres ist schlicht und in seinem ursprünglichen Zustand erhalten, lediglich die Torfplaggen wurden erneuert. Es gibt acht hölzerne Sitzreihen, die noch aus der Gründungszeit der Kirche stammen. Nach alter Sitte nahmen die Gläubigen in strenger Ordnung darauf Platz, die Männer auf der Südseite, die Frauen auf der Nordseite, die Wohlhabenden vorne, die armen Leute in den hinteren Reihen. Die Gutsherren vom Hof Viðimýri, zu dem das Kirchlein gehörte, kamen in den Genuss eines Ehrenplatzes beim Chor.

Im Lauf der Jahrhunderte haben viele bedeutende Gottesmänner in der Víðimýrarkirkja gewirkt. Einer der bekanntesten ist Guðmundur Arason, der ab 1203 den nördlichen Bischofsitz in Hólar innehatte. Damals war die Insel nämlich noch in zwei Bischofsitze unterteilt. Guðmundur, auch »der Gute« genannt, ist es zu verdanken, dass die katholische Kirche zu jener Zeit in Island großen Einfluss gewann.

Hatten die Wikinger noch ihre alte heidnische Götterwelt mit nach Island gebracht, so drang der Geist der Christianisierung, der um das Jahr 1000 ganz Skandinavien erfasste, schon bald nach Island vor. Zwar gibt es Indizien dafür, dass sich bereits vor den ersten Wikingersiedlern irische Mönche auf Island niedergelassen hatten, doch verschwanden diese nach der Landnahme spurlos.

Als 995 in Norwegen mit Olav I. zum ersten Mal ein Christ den Thron bestieg, wurde es auch in Island eng für Odin, Thor, Freya und deren göttliche Kollegen. Denn Olav sandte Missionare aus, die zur christlichen Bekehrung drängten, wobei sie durchaus nicht vor der Androhung von Gewalt zurückschreckten. So wurde der Missionar Þangbrandr zum Verlassen Islands gezwungen, weil er schlichtweg einige widerspenstige Anhänger des alten Glaubens erschlagen hatte. Verärgert drohte König Olav daraufhin mit der Ermordung aller Isländer, die sich seinerzeit in Norwegen aufhielten.

Nach diplomatischen Bemühungen einiger bereits bekehrter Clanchefs gaben die Isländer schließlich klein bei. Auf dem Althing des Jahres 1000 wurde das Christentum als Staatsreligion eingeführt, wobei es den Bürgern jedoch erlaubt blieb, im stillen Kämmerlein den alten Göttern weiterhin zu dienen. Diesem Kompromiss ist es zu verdanken, dass die Christianisierung in Island im Gegensatz zu manch anderen Regionen weitgehend unblutig verlief.

Die Toleranz zahlte sich aus, das Christentum gewann in den folgenden Jahrhunderten immer größere Bedeutung. Lediglich im 16. Jahrhundert kam es zu einem Umschwung, als der damals herrschende dänisch-norwegische König Christian III. die lutherische Reformation auch in Island durchsetzen wollte. Es kam zu allerhand blutigen Auseinandersetzungen, an deren Ende König Christian seinen Willen schließlich durchsetzte.

Deshalb sollte auch der Knabe Jón Steingrímsson im Zeichen lutherischen Glaubens aufwachsen, der 1728 ganz in der Nähe der Víðimýrarkirkja am Fjord Skagafjörður das Licht der Welt erblickte. Der Glaube erfüllte ihn so sehr, dass er sich, kaum herangewachsen, als Diakon in seiner Gemeinde betätigte. Dumm war nur, dass er sich auf die Liebelei mit einer hübschen Witwe einließ. Dabei konnten die beiden ihre wenig tugendsame Beziehung nicht lange verheimlichen, denn die Witwe erwartete schon bald ein Kind. Weil ihr Mann jedoch erst kurz zuvor überraschend verstorben war und manche Menschen viel zu gerne Böses von den anderen glauben wollen, verdächtigte man Jón des Mordes. Er ergriff die Flucht.

Für eine Weile sah die Zukunft für ihn und die junge Witwe nicht gerade rosig aus. Mit ihrer gemeinsamen Tochter zogen sie über die Insel, ohne irgendwo heimisch werden zu können. Doch schließlich wendete sich das Blatt, als Jón endlich die Ordination erhielt. Man wies ihm die Stelle als Pfarrer eines kleinen Ortes im Südosten von Island zu, der den unaussprechlichen Namen Kirkjubæjarklaustur trägt.

Das geschah fünf Jahre, bevor 1783 die Laki-Krater mit ihren verheerenden Ausbrüchen begannen. Weil diese Vulkane nur etwa 30 Kilometer von Kirkjubæjarklaustur entfernt sind, erlebte man dort die Naturkatastrophe mit all ihren Schrecken aus nächster Nähe. Die Monate des Grauens, während derer fortwährende Ausbrüche die Menschen drangsalierten, meisterte Jón nicht nur mit Bravour, sie sollten ihm auch zu hohem Ruhm dienen.

Denn er fertigte zum einen präzise Aufzeichnungen der Ereignisse an, Dokumente, die für Geowissenschaftler noch heute von höchstem Interesse sind. Zum anderen tat er sich durch seine Predigten in den Katastrophenjahren hervor, die als »Feuerpredigten« in die Geschichte eingehen sollten. Überzeugt davon, dass die fürchterlichen Ereignisse eine Strafe Gottes für das leichtfertige Leben der Menschen seien, hielt er flammende Reden. Doch glaubte er auch fest daran, dass Gott die Bußfertigen verschonen würde. Als am Sonntag, dem 20. Juli 1783, ein rot glühender Lavastrom auf seine Kirche zufloss, da setzte er unbeirrt die Predigt fort. Das Wunder geschah: Kurz vor der Kirche versiegte der Strom, die Lava erstarrte. Noch heute verehren die Isländer Jón Steingrímsson deshalb als »Eldklerkur« – »Feuerpriester«.

Seit 1974 erinnert in Kirkjubæjarklaustur eine kleine Kapelle an ihn, hier ist er auch bestattet. Und wenn Sie schon einmal dort sind, sehen Sie sich unbedingt auch das »Kirkjugólf« an, das »Kirchenpflaster«. Es handelt sich dabei um lotrechte Basaltsäulen, die vom Gletscherschliff so ebenmäßig nivelliert wurden, dass sie tatsächlich wie von Menschenhand gepflastert wirken.

Jón Steingrímssons alte Kirche existiert nicht mehr. Zwar konnte der Lavastrom ihr nichts anhaben, doch fiel sie später dem Zahn der Zeit zum Opfer. Denn auch bei ihr handelte es sich um eine Torfkirche, heimelig und urig wie die Behausungen der Hobbits im Auenland. Aber leider nicht sehr beständig.

Fjallagrasasúpa – isländische Moossuppe

Zutaten für 4 Personen:

40 g getrocknetes Isländisches Moos (über das Internet zu beziehen, wird oft auch als Tee verkauft)
1.300 ml Milch
50 g flüssiger Honig
50 g Butter
Salz

Zubereitung:

Das Moos in ein Sieb geben und gründlich mit kaltem Wasser spülen. Danach kurz mit kochendem Wasser überbrühen und gut abtropfen lassen.

Die Butter in einem Topf zerlassen, den Honig hinzugeben und mit der Butter vermischen. Die Hitze reduzieren, das Moos dazugeben und unter Rühren erhitzen, bis sich weißlicher Schaum bildet. Nun mit 150 ml Wasser ablöschen, aufkochen und sieden lassen, bis das Wasser weitestgehend verdampft ist. Die Milch hinzugießen, aufkochen und bei milder Hitze 5 Minuten köcheln lassen. Mit Salz würzen und mit Rúgbrauð (Rezept s. Seite 41) oder weichem Weißbrot servieren.

Fjallagrasa snafs – isländischer Mooslikör

Zutaten:

700 ml Schnaps (z. B. Wodka oder Doppelkorn)
200 g brauner Kandiszucker
40 g getrocknetes Isländisches Moos

Zubereitung:

Das Moos unter fließendem Wasser abspülen, gut abtropfen und danach auf Küchenkrepp trocknen lassen. Nun alle Zutaten in ein ausreichend großes, verschließbares Gefäß geben und an einem dunklen Ort mindestens 4 Wochen ziehen lassen. Danach durch ein Sieb gießen und in eine dunkle Glasflasche abfüllen.

Der Schnaps ist bei Husten und Halsschmerzen besonders wohltuend.

Vom Gold zum Diamanten – die Pracht des Nordens

Tief bewegt kehrte der Gode Þorgeir vom Althing des Jahres 1000 in seine Heimat im Norden Islands zurück. War er bis zu dieser geschichtsträchtigen Versammlung noch überzeugter Anhänger der alten Götter gewesen, so hatten die Reden der bereits zum Christentum bekehrten Stammesfürsten ihn überzeugt. Die alte Lehre war falsch! Die brachiale Gewalt, mit der die alten Götter herrschten, die Finsternis, die sie nach Gutdünken heraufbeschwören konnten und der die Menschen ausgeliefert waren! Dazu die blutrünstigen Schlachten und ausufernden Trinkgelage in der Götterhalle, die nach dem Tod auf alle Helden warteten! Als hätten sie sich nicht schon zu Lebzeiten im Metzeln und im Saufen bewährt! Nein, die Zukunft lag im Licht, in Nächstenliebe und Friedfertigkeit, so wie der Christengott es lehrte.

Eine winzige Rolle bei Þorgeirs Entschluss spielte vielleicht auch die Drohung König Olavs, Þorgeirs derzeit in Norwegen verweilende Landsleute zu ermorden, wenn die Isländer sich nicht endlich zum Christentum bekennen würden. Darüber hinaus, und das wog vielleicht sogar noch schwerer, sollten die norwegischen Holzlieferungen in diesem Fall eingestellt werden. Doch Bäume gab es im Norden von Island schon lange nicht mehr. Wie sollten Þorgeirs Leute ihre Schiffe bauen, wenn Olav mit seiner Ankündigung Ernst machte?

So rief Þorgeir seine Männer zusammen und trat nach flammender Rede an den Rand des wilden Wasserfalls, der ihnen allen als Symbol der unbezähmbaren Göttermacht galt. In den Armen hielt er die hölzernen Abbilder der Asen, jenes kriegerischen Göttergeschlechts, das sein Volk mit Angst und Schrecken in seinem Bann gefangen hielt. Ein Raunen ging durch die Menge, und es steigerte sich zu entsetzten Rufen und spitzen Schreien, als Þorgeir die Hände hob und jede einzelne Götterstatue in die Fluten warf.

Erschrocken schlug mancher der Anwesenden die Hände vors Gesicht, andere duckten sich furchtsam in Erwartung der göttlichen Rache. Doch nichts geschah. Keine Blitze schlugen vom Himmel auf sie herab, nirgends tat sich die Erde auf, um sie mit ihrer Lavaglut zu verschlingen.

Sprachlos staunend erstarrten die Menschen vor dem Wunder. So musste Þorgeir wohl die Wahrheit gesprochen haben! Die Macht der alten Götter verblasste vor der des Christengottes. Demutsvoll sanken sie auf die Knie und hoben ihre Häupter himmelwärts. Dort im Licht, so schien es, wohnte der wahre Glaube, von dem Þorgeir gesprochen hatte.

Es ist noch früh am Morgen, als wir am Rand dieses Wasserfalls stehen, der seit Þorgeirs mutigem Akt den Namen Godafoss trägt – Götterwasserfall. Zeitig sind wir von Akureyri aufgebrochen, der beschaulichen Hafenstadt am Fjord Eyjafjörður. Mit ihren gut 18.000 Einwohnern gilt sie als Hauptstadt des Nordens.

Doch uns hat weniger das stille Städtchen beeindruckt, das sich fast bescheiden an die Flanken mächtiger Bergrücken schmiegt, als vielmehr das überwältigende Panorama der fast unberührten Fjordlandschaft und der schneebedeckten Gebirgsmassive. Nachdem die Dänen Akureyri 1602 als Handelsposten gegründet hatten, entwickelte sich der Ort schnell zu einer recht bedeutenden Hafenstadt, weil er auch von größeren Schiffen angesteuert werden kann. Das verdankt Akureyri der Tiefe seines Fjords, die mit rund 100 Metern ziemlich beachtlich ist. Und obwohl die kleine Stadt nur 50 Kilometer südlich des Polarkreises liegt, ist das maritime Klima hier relativ mild. Deshalb gedeihen rund 7.000 heimische und fremdländische Gewächse im vielbeachteten botanischen Garten der Stadt.

Im Hinterland von Akureyri verbergen sich einige der größten Naturwunder Islands. Begibt man sich im Süden der Insel auf die Rundfahrt im Goldenen Kreis, so startet man hier zum Demantshringurinn, dem »Diamanten-Kreis«. Und dabei reihen sich wahre Superlative aneinander: gigantische Wasserfälle, liebliche Seenlandschaften, monumentale Schluchten, heiße Quellen, mächtige Krater und infernalische Solfataren.

Deshalb ist der halbkreisförmige Godafoss nur die erste unserer Stationen an diesem Tag. So früh am Morgen sind wir fast die einzigen Besucher, die den bildschönen Wasserfall bestaunen. Doch auch insgesamt ist der menschenleere Norden Islands weit weniger von Touristen überströmt als der bequemer erreichbare Süden des Landes.

Vom Godafoss fahren wir weiter zum Mývatn, dem »Mückensee«. Hinter diesem wenig einladenden Namen verbirgt sich einer der schönsten Seen der Insel, ein beliebtes Ausflugs- und Urlaubsziel der Isländer. Allerdings macht er seinem Namen alle Ehre, wahre Wolken von Mücken kreisen über seinem Wasser und umschwirren uns sogleich, als wir am Südufer des Mývatn einen Halt einlegen.

Obwohl die Mückenpopulation jetzt, Anfang Juni, ihren Höhepunkt noch längst nicht erreicht hat, erweisen sich die Mücken als echte Plage. Es handelt sich um Zuckmücken, was den großen Vorteil hat, dass diese kleinen Quälgeister wenigstens nicht stechen. Aber leider fühlen sie sich von Kohlendioxyd magisch angezogen. Diese Manie zieht die Schwärme nicht nur zu Stellen, an denen aus See und Erdboden Kohlendioxyd entweicht und wo sie sich während der Zeit des sommerlichen Mücken-Peaks zu bedrohlichen schwarzen Säulen zusammenballen. Nein, leider fühlen sie sich auch von allem anderen angelockt, was Kohlendioxyd ausstößt. Und dazu gehören die Nasen und Münder aller Säugetiere, also auch unsere. Tatsächlich gibt es Fälle, in denen Pferde zugrunde gingen, weil die Mücken ihre Atemwege verstopften.

Doch wie alles im Leben hat auch die Mückenplage ihre zwei Seiten. Auf der einen steht die Bürde, auf der anderen der große Nutzen für die Tierwelt am Mývatn. Den Mücken verdankt das Ökosystem seinen außerordentlichen Reichtum an Singvögeln und Fischen, und letzteres wiederum sorgt für die enorme Vielfalt der Wasservögel.

Und so richten wir unseren Fokus auf das Treiben der fremdartigen Enten und Singschwäne, während wir zwischen friedlich grasenden Schafen eine der Erhebungen der Skútustaðagígar erklimmen. Von oben zeigt sich der See in seiner ganzen Pracht: Aus dem silbrig glitzernden Wasser ragen unzählige Schären und kleine Krater empor und formen gemeinsam ein Landschaftsbild von surrealer Schönheit.

Die Kraterhügel Skútustaðagígar sind allerdings keinesfalls eine Ansammlung von Minivulkanen. Bei diesen Kratern am südlichen Mývatn handelt es sich vielmehr um Tuffringe, die durch Dampfexplosionen beim schnellen Abkühlen der Lava im Wasser entstanden sind. Von diesem Phänomen haben wir schon im Kapitel über die Geologie gehört. Man bezeichnet die Gebilde als Pseudokrater, denn einem echten Krater sehen sie tatsächlich täuschend ähnlich. In der Ferne rahmt am Ostufer der größte von ihnen, der bis zu 150 Meter hohe Hverfjall, majestätisch die malerische Kulisse des Mývatn.

Zu seinen Füßen liegen die sagenumwobenen Dimmuborgir, die »dunklen Städte«. Hier, so weiß es die Legende, hausen 13 fürchterliche Dämonen, die Jólasveinar, deren Mutter das kinderfressende Trollweib Grýla ist. Nicht nur verzehrt dieses grässliche Weib die unartigen Kinder, ihre Katze frisst zudem all diejenigen Faulenzer, die bis Weihnachten die Herbstwolle noch nicht verarbeitet haben.

Von solcher Erziehung geprägt verbreiteten auch die Jólasveinar einst Angst und Schrecken, indem sie den Menschen das Essen stahlen und die Kinder zu Tode erschreckten. Inzwischen sind sie jedoch geläutert und haben sich in rotgewandete Weihnachtsmänner verwandelt, die Geschenke bringen. Trotzdem zeigen sie sich noch immer als raubeinige Gesellen, sie stehlen Milch, lecken Kochtöpfe leer, stibitzen den Weihnachtsbraten, spähen nachts mit weit aufgerissenen Augen in die Stuben und lärmen ums Haus herum. Einer nach dem anderen verlassen die Jólasveinar an den Tagen ab dem 12. Dezember ihre dunklen Städte am Mývatn und spuken bei den Menschen herum. Zwischen dem 25. Dezember und dem 6. Januar verschwinden sie nacheinander wieder in ihrem Zuhause, dem Lavafeld Dimmuborgir.

Durch ihr heimisches Revier führen heute bequeme Wege. Bedrohlich erheben sich rechts und links davon die bizarrsten Steinformationen, tatsächlich wirken sie wie die finsteren Ruinen einer verlassenen Dämonenstadt. Fast befürchte ich, dass hinter der nächsten Wegbiegung die schreckliche Grýla lauern könnte.

Deshalb sind wir von dort zur Halbinsel Höfði gefahren, die einen lieblichen Gegensatz zu den sinisteren Schluchten der Dämonenstadt bildet. Denn Höfði ist eine kleine

Oase inmitten der wüsten Vulkanlandschaft am Ostufer des Mývatn. Ein dichtes Wäldchen mit üppiger Vegetation bedeckt die von fantastischen Lavaskulpturen gerahmte Halbinsel, darin verbergen sich kleine Lichtungen mit lauschigen Plätzchen, die zum Verweilen einladen. Es wäre ein kleines Paradies, umschwärmten uns nicht auch hier im Handumdrehen die lästigen Mücken wie Abgesandte der Dämonen aus den Dimmuborgir, die uns die Ruhe einfach nicht gönnen wollen. Hätten wir doch nur eine FFP-Maske zur Hand!

Und so nehmen wir unser nächstes großes Etappenziel in Angriff, den Canyon des Flusses Jökulsá á Fjöllum mit dem berühmten Wasserfall Dettifoss. Der Weg dorthin führt uns über eine staubige Piste durch eine schier endlose Lavawüste. Sie erinnert an Bilder, die von der Oberfläche des Mars zur Erde gesandt wurden. Schnell verschwinden die zahllosen Mückenleichen, die den weißen Lack unseres Autos in ein schwarz gesprenkeltes Mosaik verwandelt haben, unter einer dicken braunen Staubschicht.

Kein Wunder, dass sich diese Landschaft ins Augenmerk der NASA drängte, als diese Mitte der Sechzigerjahre Ausschau nach einem Trainingsgebiet für die Mondastronauten hielt. Denn nicht nur die lebensfeindliche und fremdartige Umwelt bot sich für Übungen an, auch die mondähnliche Geologie eignete sich hervorragend dazu, die Entnahme geeigneter Bodenproben zu erlernen. Solch geowissenschaftliche Aufgaben waren den angehenden Raumpiloten bis dahin ja vollkommen fremd. Neil Armstrong befand sich unter den ersten Teilnehmern, die zum Feldtraining ins Gebiet des Vulkans Askja reisten, das rund 50 Kilometer südlich des Teils der grenzenlosen Einöde liegt, den wir jetzt durchfahren.

Doch plötzlich reißt eine gewaltige Schlucht auf und durchschneidet die eintönige Weite der Lavawüste. Die Jökulsá á Fjöllum hat sich bis zu 100 Meter tief dort hineingegraben, sie ist der zweitlängste Fluss Islands und entspringt einem Talgletscher des mächtigen Vatnajökull. Entsprechend bedeutet ihr Name »Gletscherfluss auf den Bergen«. Über drei gewaltige Wasserfälle stürzt sie auf den letzten 50 Kilometern ihres Verlaufs: den Selfoss, den Hafragilsfoss und den Dettifoss. Letzterer ist der wuchtigste unter ihnen, mit durchschnittlich rund 200 Kubikmetern pro Sekunde stürzen seine bräunlichgrauen Fluten auf einer Breite von 100 Metern 45 Meter in die Tiefe hinab. Wissenschaftler haben errechnet, dass er damit im Mittel eine Energieleistung von 85 Megawatt aufbringt, das macht ihn zum leistungsstärksten Wasserfall von ganz Europa.

Doch das sind nur statistische Zahlen. Tatsächlich stürzt der Fluss stürmend und tosend in einen schmalen Spalt, den er in seinen Canyon gerissen hat. Wie schon am Gullfoss verstummen wir vor diesem Meisterstück der Naturgewalt. Und als trieben die Elfen einen Schabernack mit den wütend schäumenden Wassermassen, erstrahlt auch hier am Rand der Schlucht ein märchenhaft schöner Regenbogen im glitzerfunkelnden Sonnenlicht.

Ein Stück weiter nördlich hat der Fluss Jökulsá á Fjöllum sein ursprüngliches Bett verlassen und sich einen neuen Weg zur Grönlandsee gesucht. Zurück blieb die Schlucht Ásbyrgi, unser letztes Ziel an diesem Tag. Auch sie zählt zu den Höhepunkten des Diamant-Kreises. Dessen aktive Vulkane werden wir an einem anderen Tag besuchen, denn will man alle Naturwunder des Diamant-Kreises an einem einzigen Tag besichtigen, so ist man selbst bei nur kurzen Zwischenstopps mindestens zehn Stunden lang unterwegs.

Die Ásbyrgi-Schlucht bricht wie ein gewaltiges Hufeisen aus der Ebene hinab, und diese Form ist so ebenmäßig, dass eine Entstehung auf natürlichem Wege kaum vorstellbar scheint. Geowissenschaftler behaupten, dass außergewöhnlich starke Gletscherläufe für das ungewöhnliche Erscheinungsbild der Schlucht verantwortlich sind, also gewaltige Flutwellen, die aus Seen entspringen, die sich in Hochtemperaturgebieten unterhalb des Gletschereises bilden.

Doch das ist natürlich barer Unsinn. Die alten Sagas wissen, dass vielmehr Odins achtbeiniges Pferd Sleipnir seinen Hufabdruck hier hinterlassen hat, als Odin einst über die Eiswüste der Arktis ritt. Das Pferd rutschte aus und setzte, um das Gleichgewicht zu wahren, einen Huf auf Nordisland. Deshalb nennt man die Ásbyrgi-Schlucht auch »Odins Fußabdruck«. Was aber nicht ganz richtig ist, denn schließlich war es ja das Pferd, das seinen Abdruck hinterließ.

Vielleicht ist es auch wahr, dass Ásbyrgi darüber hinaus eine Hauptstadt der Elfen ist. Als Indiz dafür wird der Wald am Fuß der Schlucht herangezogen, dessen Bäume für isländische Verhältnisse ungewöhnlich dicht und hochgewachsen sind. Und die Rinde der Birken ist hier nicht weiß-schwarz, sondern schillert wie von Elfenhand verzaubert silbrig-grau. Wer möchte angesichts solch romantischer Vorstellungen die Erklärungen von Biologen hören, die das besonders milde Kleinklima am windgeschützten Grund der Schlucht für die Erscheinungen verantwortlich machen?

Mythen und Sagen sind in Island tief verwurzelt. Und wer weiß, vielleicht entsprang es einem Entschluss tiefer Weisheit, dass Odin gelassen blieb und keine Rache nahm, als Þorgeir die Götterstatuen einst in die tosenden Fluten des Godafoss warf. Denn inzwischen bekennen sich immer mehr Isländer zur Ásatrúarfélagið, einer neuheidnischen Glaubensgemeinschaft, die die alten Götter wieder verehrt. Die 1972 gegründete Bewegung kam schon ein Jahr später in den Genuss staatlicher Anerkennung und soll inzwischen mehrere tausend Mitglieder haben. Auf einem Hügel mitten in Reykjavik haben sie einen Tempel zur Verehrung von Odin, Thor und Freya errichtet, den ersten neuen Tempel seit mehr als 1.000 Jahren. Manchmal, so scheint es, zahlen sich Nachsicht und Langmut für die Götter aus.

Hjónabandssaela – »Eheglück-Kuchen«

Zutaten für 4 Personen:

170 g Mehl
170 g Haferflocken
150 g brauner Zucker
200 g Butter (Zimmertemperatur)
1 Ei
200 g Rhabarbermarmelade (Rezept s. Seite 111)
1 Tl Vanilleextrakt
1 Tl Backpulver
Salz
Butter zum Einfetten

Zubereitung:

Mehl, Haferflocken, Zucker, Butter, Vanilleextrakt, Backpulver sowie eine Prise Salz in eine Schüssel geben und mit den Händen zu einer krümeligen Masse verarbeiten. Ein Drittel davon entnehmen und beiseitestellen, zum Rest das Ei schlagen und gut unterkneten.

Eine Springform mit Butter einfetten und die Ei-Teigmasse hineingeben, gleichmäßig auf dem Boden verteilen. Mit der Rhabarbermarmelade bestreichen und den zuvor beiseitegestellten Krümelteig darüberbröseln.

Den Backofen auf 180°C vorheizen und den Kuchen ca. 40 bis 45 Minuten darin backen, bis die Oberseite goldbraun ist.

Mit Schlagsahne oder Skyr servieren.

Die Giganten von Húsavík – Wale in der Skjálfandi-Bucht

Es gibt ein paar Dinge, die seit Langem ganz oben auf meiner To-do-Liste stehen. Einen der allerersten Plätze belegt das Whale-Watching. Für mein Leben gerne möchte ich wenigstens einmal einen der faszinierenden Riesen sehen, wie er majestätisch seine Bahnen durch den Ozean pflügt. Vor der Küste Schottlands habe ich an einer Delfinbeobachtungstour teilgenommen, und weil Delfine ja auch zu den Arten der Wale gehören, müsste das doch eigentlich reichen, meint mein Mann. Er selbst ist früher zur See gefahren und hat dabei alle möglichen Meeresbewohner gesehen. Walsichtungen gehörten für ihn zum Alltag, meinen flammenden Wunsch kann er deshalb nicht so ganz nachvollziehen. Trotzdem hat er ein Einsehen: Als wir Húsavík erreichen, die selbsternannte »Whale-Watching-Hauptstadt Europas«, gibt es kein Halten mehr. Unser allererster Weg führt uns schnurstracks ins Büro eines der Anbieter am Hafen der kleinen Stadt, und erst, als ich mein Ticket sicher in der Hand halte, finde ich die Muße, das spektakuläre Panorama an der Bucht von Húsavík zu bewundern. Jetzt, mit dem tiefen Glücksgefühl, das die Vorfreude in mir auslöst, verwandelt sich diese Landschaft für mich zum seligen Elysium. Deshalb ist und bleibt für mich der Golf von Húsavík die schönste Küste Islands, da können die tiefen Fjorde mit ihren steil aufragenden Bergen noch so prachtvoll sein.

Gegenüber dem hübschen kleinen Städtchen ragt in der Ferne ein gewaltiger Gebirgsrücken mit schneebedeckten Gipfeln aus dem Meer, dessen Farbe in der weiten Bucht von einem unwirklich leuchtenden Türkisblau ist. Die Berge auf der anderen Seite fallen steil zum Golf von Húsavik hin ab, sie sind von Menschenhand völlig unberührt. Allein der fantastische Anblick dieser puren Polarromantik macht die Reise nach Húsavik lohnenswert.

Das Städtchen selbst hat nur gut 2.000 Einwohner, seine farbenfrohen Häuser reihen sich um einen kleinen Hafen. Das auffälligste Gebäude ist die weiß gestrichene Holzkirche mit ihrem grünen Dach, die sich pittoresk vor den saftigen Wiesen der hinter ihr ansteigenden Hügel erhebt. Man findet außerdem kleine Läden und ein hübsches Restaurant am Hafen, dazu ein Walmuseum für alle, die auf Nummer sicher gehen und zumindest Bilder, Filme und Skelette der Meeressäuger betrachten wollen. Denn natürlich gibt es auch in der walreichen Bucht von Húsavik keine hundertprozentige Garantie für eine Sichtung während der Beobachtungsfahrt.

Neben den Informationen über Biologie und Verhalten der Wale thematisiert das Museum auch deren Bedrohung. In diesem Zusammenhang muss man wohl darüber reden, dass Island den Walfang nach einem vorübergehenden Stopp im Jahr 2003 trotz internationaler Proteste wieder aufgenommen hat, vorgeblich zu wissenschaftlichen Zwecken.

Diente die Jagd ursprünglich der Gewinnung von Tran, so wurde das Fleisch der Wale seit den Fünfzigerjahren des letzten Jahrhunderts als Tierfutter verwendet. Später landete es zu einem geringen Teil auf isländischen Tellern, der weitaus größere Teil wurde nach Japan exportiert. Weil aber dort die Nachfrage nach Walfleisch ständig sinkt, wurde der Überschuss an isländischem Walfleisch bis 2013 auch in Japan zu

Hundefutter verarbeitet. Seit diese Praxis nicht mehr betrieben wird, landet alles unverkäufliche Fleisch auf der Müllhalde.

Die Jagd richtet sich nicht nur gegen die relativ häufig vorkommenden Zwergwale, sondern auch die gefährdete Art der Finnwale. Sie sind die nächsten Verwandten des unter strengem Schutz stehenden Blauwals. Das einzige isländische Unternehmen, das die Jagd zumindest noch bis 2023 betrieb, ist in Reykjavik ansässig. Der Firmeninhaber ist inzwischen zum meistgehassten Isländer avanciert, denn nicht nur ausländische Tierschützer verurteilen sein Handeln, sondern auch immer mehr seiner eigenen Landsleute.

Einen Riesenskandal gab es im Sommer 2018, als Bilder um die Welt gingen, die einen Wal von beträchtlicher Länge zeigten, der von den Walfängern des Betriebs aus Reykjavik erlegt worden war. Denn schnell stand der Verdacht im Raum, dass es sich dabei um einen Blauwal handeln könnte. Gentests erwiesen schließlich, dass es sich um einen Hybriden handelte, dessen Mutter ein Blauwal war, während der Vater zu den Finnwalen gehörte. Der Fang von Hybriden war im Gegensatz zu der Jagd auf Blauwale in Island noch immer legal.

Eine Hoffnung für die Wale ist der zusammenbrechende Markt für ihr Fleisch. Auch wir als Touristen sind gefragt, wenn es um ihren Schutz geht: Ich erwähnte bereits, dass es hauptsächlich Reisende waren, die Walsteaks in isländischen Restaurants bestellten. Es gibt sogar einen wirtschaftlichen Aspekt als Argument für den Schutz der Meeressäuger. Mittlerweile verdienen die Isländer nämlich wesentlich mehr Geld mit Walbeobachtungstouren als früher mit dem Walfang. Man kann aber nur beobachten, was auch vorhanden ist. Die zuständige Ministerin beschloss deshalb, die Fangquoten nach 2023 nicht zu verlängern. Damit ist der Walfang vor Islands Küsten ab 2024 Geschichte

Noch ein Wort zur häufig geäußerten Kritik am Whale-Watching: Natürlich ist es wichtig, die Tiere dabei in ihrem Lebensraum möglichst wenig zu stören. Verantwortungsvolle Anbieter solcher Touren sind sich dessen bewusst und handeln entsprechend. Sie fahren nicht zu dicht an die Wale heran und verfolgen sie nicht um jeden Preis. Außerdem haben sie einen Experten an Bord, der die Tiere auch auf größere Entfernung sichten und bestimmen kann. Bestenfalls leisten sie einen Beitrag zur Forschung, indem sie ihre Sichtungen dokumentieren. North Sailing, der Anbieter, für den wir uns in Húsavik entschieden haben, arbeitet diesbezüglich mit dem Walmuseum der Stadt zusammen, das wiederum mit verschiedenen Universitäten kooperiert.

Deshalb begeben wir uns ruhigen Gewissens auf das 23 Meter lange Holzschiff, das uns in die Bucht hinausfahren soll. Es handelt sich um ein ausgemustertes Heringsfischerboot aus den Sechzigerjahren des letzten Jahrhunderts, und eine versierte junge Frau übernimmt die Reiseleitung auf unserer Tour. Auch wenn es heute mit zwölf Grad für Húsaviker Verhältnisse geradezu hochsommerlich warm ist, empfiehlt es sich doch, die vom Anbieter bereitgestellten Thermooveralls anzulegen. Denn über dem Wasser ist es windig und empfindlich kalt.

Aufgeregt lehne ich mich an die Reling, die Kamera in schussbereiter Position. Eine Sichtung könne sie nicht mit absoluter Sicherheit garantieren, betont die Walexpertin. Unsere Erwartungen sollen nicht zu hochgeschraubt sein, damit der Sturz in die Enttäuschung nicht allzu tief gerät. Tatsächlich ist in Húsavik zumindest in der Zeit von Juni bis August die Chance außerordentlich hoch, auf einer solchen Ausfahrt einen Wal zu sehen. Das nährstoffreiche Wasser, das im Frühsommer dank der Schneeschmelze in großen Mengen aus den Bergen in die Bucht fließt, sorgt für eine rasante Vermehrung des Krills im Golf von Húsavik. Das sind winzige Krebstierchen, die Lebensgrundlage der Wale, und deshalb zieht es die hungrigen Giganten geradezu magisch in diese Bucht.

Wir sollten nach Möwen Ausschau halten, rät uns die Expeditionsleiterin, denn wo Möwen über dem Wasser kreisten, da seien meist auch Wale. Im Sog der großen Tiere treiben nämlich auch Fische an die Oberfläche, eine begehrte Mahlzeit für die Möwen.

Während ich den Horizont nach ihnen absuche, kommen die Berge auf der gegenüberliegenden Seite der Bucht allmählich näher und enthüllen dabei langsam ihre wahren Dimensionen. Das Boot rollt und stampft auf den Wellen, und wir werden ganz schön durchgeschaukelt. Angestrengt beobachte ich die Wasseroberfläche. Wir sind nun schon eine ganze Weile gefahren, doch nichts tut sich.

Dabei gibt es hier außer Zwerg- und Buckelwalen, Delfinen und Orcas möglicherweise sogar Blauwale zu sehen. Bis vor einigen Jahren boten sich noch rings um die Halbinsel Snæfellsnes die besten Chancen auf Sichtung eines dieser größten und schwersten Tiere, die jemals auf unserer Erde gelebt haben. Mit mehr als 30 Metern Länge und einem maximalen Gewicht von 200 Tonnen übertreffen sie selbst die Giganten unter den Dinosauriern, allein ihre Zunge ist so groß wie ein Elefant. Sie durchschwimmen auf ihren Reisen alle Ozeane der Welt. Ihre Routen haben sich in letzter Zeit etwas verändert, inzwischen sieht man sie deshalb öfters hier in der Skjálfandi-Bucht vor Húsavik. Der Name bedeutet übrigens »Erdbebenbucht«, denn nur wenig weiter östlich verläuft der Mittelatlantische Rücken. Die Reibereien zwischen den Kontinentalplatten und ein Ausläufer ihres Spalts, der Húsavík-Flatey-Fault, sorgen für häufige Erschütterungen im Untergrund.

Ein Blauwal muss es ja gar nicht sein, denke ich, solange ich nur überhaupt irgendeinen Wal zu Gesicht bekomme. Mittlerweile haben wir die Mitte der Bucht erreicht, und fast füge ich mich schon in mein Schicksal, zu den wenigen Pechvögeln unter den Walbeobachtern von Húsavík zu gehören. Da plötzlich ruft unsere Tourleiterin: »Ein Buckelwal!« Blitzschnell richten sich alle Augen in die Richtung, in die sie weist. Tatsächlich. Gerade eben erhasche ich noch einen schwarzen Schatten, dann hebt sich kurz eine Schwanzflosse aus dem Wasser, und schon ist der Zauber wieder vorbei.

Unser Kapitän stoppt den Motor, wir verharren gebannt an der gleichen Stelle. Und wir müssen nicht lange Geduld haben, denn immer wieder kommt der Riese zum Atmen an die Oberfläche. Es bleibt aber spannend, weil man vorher nicht weiß, wo das jeweils sein wird. Als Erstes zerreißt sein Blasen die Stille über dem Meer, und schaut man schnell genug in die richtige Richtung, so erwischt man noch die Fontäne aus Tropfen, die sein Ausatmen begleitet. Gemächlich teilt dann sein langgestreckter Rücken die Wasseroberfläche, wölbt sich dabei wie der Leib eines mystischen Seeungeheuers und zeigt seine winzige Finne. Zuletzt hebt er ganz fotogen noch einmal seine große, tief eingekerbte Fluke mit ihrer weißen Unterseite, um dann wieder minutenlang zu verschwinden.

Wir verbringen eine ganze Weile mit dem fesselnden Spiel, auf das nächste Blasen zu lauschen. Als wolle er uns eine besondere Freude bereiten, taucht er einmal sogar direkt neben unserem Boot auf. Wir sehen die typischen Höcker an der Unterseite seines Mauls, die vergleichsweise kleinen Augen, die beiden Blaslöcher und die Seepocken auf seiner Haut. Den Gefallen, wie Flipper aus dem Wasser zu springen und uns damit ein Foto zu bescheren, mit dem wir den Neid der an Land Gebliebenen erwecken könnten, tut er uns aber nicht. Dabei zählen Buckelwale neben Delfinen zu den besten Springern unter den Walen, sie können sich mit ihrem ganzen, bis zu 18 Metern langen Körper aus dem Wasser herauskatapultieren.

Obwohl ich mich an diesem Exemplar kaum sattsehen, geschweige denn satt fotografieren kann, wirft der Bootsführer schließlich doch den Motor zur Weiterfahrt an. Unsere Tour dauert nun einmal nur drei Stunden. Und, so verrät uns die Walexpertin, der Buckelwal ist beileibe nicht der einzige Wal in der Bucht. Wir steuern jetzt deren unbewohnte Westseite an, vor deren steil aufsteigenden Bergen zahlreiche kreisende Möwen auf die Anwesenheit weiterer Wale hindeuten.

Und wirklich, hier finden wir uns umgeben von so vielen Zwergwalen, dass ich gar nicht weiß, in welche Richtung ich schauen soll. Wieder verstummt der Schiffsmotor, und wie in einem spektakulären Akustiktheater ertönt von allen Seiten nur noch das kraftvolle Blasen. Das klingt so schön, dass ich versucht bin, die Augen zu schließen und mich dem Hörgenuss ganz hinzugeben. Doch dann sähe ich die verspielten Tiere ja nicht. Es ist herrlich, ihnen dabei zuzuschauen, wie sie ihre Fontänen in die Luft blasen, ihre sichelförmigen Finnen aus dem Wasser strecken und ab und zu einen flüchtigen Blick auf ihre weißliche Unterseite gewähren. Man bezeichnet sie auch als Minkwale, vielleicht ist das passender, denn mit bis zu zehn Metern Länge wirken sie eigentlich nicht wie Zwerge.

Glückstrahlend lasse ich auf der Rückfahrt den grandiosen Rundblick über die Skjálfandi-Bucht auf mich wirken. Unsere Tourbegleiterin zeigt uns derweil noch Schautafeln der beobachteten Walarten und die Barten eines Buckelwals. Außerdem weist sie in die Ferne und behauptet mit wissendem Lächeln, dort ganz weit hinten könne man Grönland sehen.

Sie mag eine famose Walexpertin sein, doch mit ihrer letzten Behauptung liegt sie wohl falsch. Grönland ist 470 Kilometer von Húsavík entfernt, und selbst wenn es dort hohe Gipfel gäbe, stünde die Erdkrümmung dem Blick im Wege. Mir sind trotzdem Zweifel gekommen, da ich dort draußen ganz flach und schemenhaft die Umrisse von etwas gesehen habe, das Land sein könnte. Tatsächlich gibt es ja mit der sogenannten Refraktion ein optisches Phänomen, das durch Krümmung des Lichtstrahls weit entfernte Objekte deutlich höher erscheinen lässt, sodass sie trotz der Erdkrümmung noch gesehen werden können. Im Fall vom weitab gelegenen Grönland würde allerdings selbst eine solche Refraktion nicht ausreichen.

Da bleibt nur eine einzige Möglichkeit: Unter ganz bestimmten Voraussetzungen kann es zu Luftspiegelungen kommen. Dazu sind Temperaturinversionen in den höhergelegenen Luftschichten erforderlich, die unter Umständen das Bild des Landes in großer Höhe reflektieren können. Die für das Phänomen erforderlichen Wetterlagen sind in polaren Gebieten nicht selten.

Nun kommt wieder die Erdkrümmung ins Spiel. Sie lässt es so wirken, als befände sich diese himmlische Luftspiegelung direkt auf der Wasseroberfläche. Es gibt tatsächlich eine Theorie, die besagt, dass sich die Wikinger aufgrund solcher Reflexionen überhaupt erst auf den Weg ins Ungewisse gemacht haben. Verrieten sie ihnen doch, dass dort weit draußen irgendwo Land liegen musste.

Was ich am nordwestlichen Horizont gesehen habe, ist aber nur die kleine, flache Insel Flatey gewesen. Doch das bekümmert mich nicht. Wozu noch Grönland, wo ich doch heute so viele Wale gesehen habe?

Fiskibollur – isländische Fischbällchen

Zutaten für 4 Personen

600 g Seefischfilet (z. B. Seelachs, Schellfisch oder Kabeljau)
2 Eier
100 ml Milch
1 Zwiebel
60 g Mehl
60 g Stärkemehl (Kartoffel- oder Maisstärke)
Salz
Pfeffer
Butter zum Braten

Zubereitung:

Die Zwiebel schälen, dann Zwiebel und Fischfilet in kleine Stücke schneiden. Anschließend durch den Fleischwolf drehen oder mit dem Pürierstab zerkleinern, bis eine gleichmäßig feine Masse entstanden ist. In eine Schüssel geben, Eier und Milch hinzugeben, kräftig salzen und pfeffern und alles gut miteinander vermischen. Zum Schluss Mehl und Stärkemehl untermischen, bis eine sämige Masse entstanden ist.

Nun mit den angefeuchteten Händen oder mit zwei Esslöffeln aus der Masse Bällchen von der Größe eines Tischtennisballs formen. In einer beschichteten Pfanne ein nicht zu kleines Stück Butter erhitzen und die Fischbällchen bei mittlerer Hitze ringsum braten, bis sie goldbraun sind. Passen nicht alle gleichzeitig in die Pfanne, so brät man in Etappen und hält die fertigen Bällchen in der Zwischenzeit im Backofen bei 100°C warm.

Mit grünem Salat und Salzkartoffeln oder karamellisierten Kartoffeln (Rezept s. Seite 20) servieren.

In Island bereitet man dazu auch gerne eine einfache Sauce, indem man im übriggebliebenen Bratfett etwas Mehl anschwitzt, dieses mit Milch unter Rühren mit dem Schneebesen ablöscht, das Ganze kurz aufkochen lässt, mit Salz abschmeckt und dann einen guten Schuss Ketchup hinzugibt.

Intrigen, Mord und Fantasie – die Welt der Sagas

Island ist voller Geschichten. Bei allem, was wir von seiner überwältigenden Natur wissen, erstaunt es nicht, dass fantastische Erzählungen die Isländer seit den Tagen der ersten Siedler begleiten. Zwischen ihren Worten klingt das wohlige Knistern des Feuers im heimischen Torfhaus mit, an dem sich die Familien in den endlosen, finsteren Nächten versammelten. Wie sie dort in trauter Runde im flackernden Lichtschein saßen und die Ältesten wundersame Sagen vortrugen, viel älter als sie selbst, über Generationen hinweg weitererzählt. Wie die Kinder gebannt lauschten, mit offenen Mündern und glänzenden Augen. Wie die Mutter von ihrer Wollarbeit aufsah und der Vater sein Schnitzwerk sinken ließ, wenn plötzliche Schrecken drohten, den Helden ins Verderben zu stürzen. Wenn die Stimme des Erzählers sich langsam hob, sich steigerte, vibrierend zwischen Furcht und Entsetzen, und wieder leiser werdend bebte, bis nur ein Raunen blieb.

Aus dieser Tradition entstanden die berühmten Sagas, Islands bedeutendster Kulturschatz. Sie zählen zu den großen Werken der Weltliteratur und sind in altisländischer Sprache abgefasst, der Sprache des einfachen Volkes. Das ist insofern nicht selbstverständlich, als es vermutlich meist Geistliche gewesen sind, die diese Geschichten aufgeschrieben haben. Und bekanntlich bedienten sich die mittelalterlichen Kleriker anderenorts in Europa ausschließlich der lateinischen Sprache.

Die frühchristliche Kirche in Island jedoch unterstützte das Erzählen der Sagas, wohl wissend, welch große Bedeutung die Bevölkerung diesen zumaß. Deshalb stand es außer Frage, dass auch die Dokumentation in isländischer Sprache erfolgen musste. Leistete man sich auf dem europäischen Festland teures Pergament, so schrieben die isländischen Autoren auf feiner Kalbshaut. Dazu nahmen sie Federkiel und eine Tinte, die aus Blättern und Früchten der Immergrünen Bärentraube gewonnen wurde. Für die umfangreichsten Manuskripte, so schätzen Experten, mussten wohl mehr als 100 Kalbshäute beschriftet werden. Wer lesen und sich ein solches Werk zudem auch leisten konnte, der nahm fortan ein Buch zur Hand und trug daraus vor, wenn die Familie sich am Abend ums Feuer herum versammelte.

Die Aufzeichnung der Sagas geschah zwischen dem 11. und dem 13. Jahrhundert, zuvor wurden die Geschichten vermutlich nur mündlich überliefert. Ob das tatsächlich stimmt und wie alt die Geschichten wirklich sind, ist in der Literaturwissenschaft umstritten. Nur ein einziger Saga-Autor ist bekannt, Snorri Sturluson, der um 1220 die Prosa-Edda im Auftrag des norwegischen Königs zur Niederschrift brachte. Alle anderen Verfasser sind anonym geblieben, auch gingen die originalen Handschriften verloren. Nur Abschriften haben die Zeiten überdauert.

Es gibt verschiedene Gattungen von Sagas, beginnend mit den sogenannten Vorzeitsagas, die von Geschehnissen berichten, die sich vor der Besiedlung Islands zugetragen haben. Ihnen gemeinsam ist es deshalb, dass sie nie in Island spielen. Es handelt sich um Sagen von Wikingern, Helden und Abenteurern. Womöglich gehen sie teilweise auf tatsächliche

Begebenheiten zurück, die mit der Geschichte und vor allem mit den Fahrten der Wikinger zu tun haben. Ein anderer Teil ist hingegen wohl zumindest in weiten Teilen der Fantasie entsprungen, diese Sagas berichten von aufregenden Vorfällen in fremden Ländern oder von den oft tragischen Erlebnissen großer Helden. Einer der Protagonisten ist zum Beispiel Sigurðr, im deutschsprachigen Raum bekannt als Siegfried, der Drachentöter. Von ihm erzählen Heldenlieder der Edda, die wiederum in zwei große Werke unterteilt ist, zum einen die Lieder-Edda, zum anderen die Prosa-Edda.

Die Werke der Edda kennzeichnet eine weite Bandbreite von Götter- und Heldengeschichten. Der bunte Reigen reicht von der Erschaffung der Welt bis hin zu deren Untergang, dazwischen tummeln sich die nordischen Götter genauso wie allerhand Helden und Sagengestalten. Und es passiert so ziemlich alles Erdenkliche, ohne dass die einzelnen Begebenheiten miteinander in einem kontinuierlichen Zusammenhang stehen. Im Grunde handelt es sich bei der Edda deshalb um eine Art unendliche Geschichte, voller Tumulte, von ungeheurer Vielschichtigkeit und in den einzelnen Episoden niemals wirklich abgeschlossen. Das macht sie sozusagen zu einem Abbild der wirklichen Welt in einem fantasiegeprägten literarischen Kosmos. Die Edda ist die wichtigste Quelle zum Verständnis der altnordischen Götterwelt und damit die Wurzel eines ganzen kreativen Genres, dessen Spannbreite von den opulenten Opern Richard Wagners bis hin zu modernen Fantasy-Romanen und Marvel-Filmen reicht.

Dem gegenüber stehen die Isländersagas, deren Schauplätze in Island liegen und die von Ereignissen erzählen, die sich in der ersten Epoche nach der Gründung des Althings im Jahr 930 zugetragen haben. Die Handlungen der rund 40 Isländersagas sind aus dem prallen Leben gegriffen. Da geht es um den Überlebenskampf der ersten Siedler in feindlicher Umwelt, um den harten Alltag, aber auch um die Streitereien zwischen den Menschen. Es wird geprügelt und getobt, da zanken sich Eheleute, da gehen Höfe in Flammen auf, da wird geliebt und gehasst, kurz und gut, es gäbe genug Stoff für eine Verfilmung als actionreiche Historienserie oder Seifenoper im Stil von »Dallas«.

Die Charaktere sind entsprechend deftig und bieten die ganze Palette menschlicher Typen, vom großmäuligen Angeber bis hin zum verängstigten Drückeberger. Wortkarg, so wie es für die Menschen des rauen Nordens typisch ist, durchleben sie die Hürden ihres Alltags in fesselnden Geschichten, die oft mit trockenem Humor gewürzt sind. Und doch wird von den schrecklichsten Verbrechen auf eine seltsam kühle und emotionslose Weise berichtet, denn die Sagas wahren eine klare sprachliche Distanz zu den geschilderten Vorkommnissen. Es gibt stets einen Haupthandlungsstrang, dessen Zentrum ein dramatischer Konflikt zwischen einzelnen Personen oder Sippen bildet. Um diesen Kern der Handlung reihen sich jedoch zahlreiche Nebenhandlungen, die nicht immer in direktem Zusammenhang mit dem eigentlichen Thema stehen.

Ich muss gestehen, dass ich das alles inzwischen ziemlich verwirrend finde. Nicht so Iðunn, die Pferdezüchterin aus Húsavík. Wir sitzen beim Tee zusammen, und wie selbstverständlich wirft sie mit Namen und Begebenheiten aus den Sagas um sich, bis mir die Sinne schwirren. Natürlich hat sie die Sagas selbst gelesen. Deren altnordischer Duktus stellt für die Isländer ja kein Problem dar, weil es für sie in dieser Hinsicht keine Sprachbarriere gibt. Wie wohl alle Isländer ist auch Iðunn stolz auf diesen literarischen Schatz ihres Landes. Doch mehr noch, die Geschichten und deren Figuren scheinen fast schon ein Teil ihres eigenen Lebens zu sein, ganz so, als handle es sich um Familienmitglieder.

»Jede Region hat ihre eigene Lieblingssaga«, schwärmt sie, »denn die meisten der Schauplätze kann man noch heute auf Island finden. Und dort gibt es auch immer Leute, die die alten Geschichten vortragen und dabei mit ihrem Herzblut füllen. Wir sind eben ein Volk von Erzählern, wie sonst hätten wir früher die langen Winternächte überstehen können?«

Es ist Iðunn allerdings nicht entgangen, dass ich noch immer ziemlich ratlos wirke. »Dir fehlt wohl ein praktisches Beispiel«, meint sie, »also hör zu!« Dann beginnt sie, mir von Njáls zu erzählen. Die Geschichte dieses Njáls ist eine der beliebtesten Isländersagas. Sie spielt im Süden von Island und wurde im 13. Jahrhundert aufgeschrieben.

»Die Njáls-Saga ist nicht nur die berühmteste, sondern auch die umfangreichste der Isländersagas, in ihr treten um die 600 Personen auf!« Als Iðunn die steile Falte bemerkt, die sich zwischen meinen Brauen bildet, lacht sie. »Nein, keine Angst, ich erzähle dir jetzt nicht jedes einzelne Detail. Im Grunde geht es um Intrigen und Verschwörungen, und angesichts dessen um die Frage, wie man seine Integrität und seine Ehre wahren kann. Njáls hat einen guten Freund, beide Männer sind verheiratet, die Frauen mögen sich aber nicht und so kommt es schließlich zum Streit. Es gibt viel Hin und Her, der Konflikt spitzt sich immer weiter zu, und am Ende wird Njáls das Dach über dem Kopf angezündet. So einen Mord durch Brandstiftung bezeichnet man bei uns als Brenna, ein typisches Verbrechen, das in vielen Sagas verübt wird. Doch die Mordbrenner kamen natürlich nicht ungeschoren davon, sie erwartete die höchste Strafe, die man sich zur Sagazeit vorstellen konnte, nämlich die Große Acht. Dadurch wurden sie vollständig aus der Gemeinschaft ausgeschlossen, etwas Schlimmeres konnte man sich gar nicht denken. Allein, nur auf sich selbst gestellt im Island des Mittelalters zu überleben, das war ein Ding der Unmöglichkeit.«

Iðunn fährt fort und erklärt mir, dass es bei der Saga von Njáls vor allem darum geht, die Zusammenhänge zwischen den Vorfällen zu erklären, die letztendlich zum Mord führen. Der verborgene Sinn besteht darin, eine bessere gesellschaftliche Struktur zu erschaffen und vor allem zu wahren. Damit soll sich das Miteinander der Menschen so regeln lassen, dass Konflikte erst gar nicht in dieser Form eskalieren können. »Heute steht auf unseren Polizeiautos der Satz: ‚Mit Gesetzen erbaut man ein Land.' Das ist ein Zitat aus der Njáls-Saga!«

Es leuchtet mir ein, dass man den Menschen die Sinnhaftigkeit einer rechtlichen Ordnung anhand von Geschichten verdeutlicht. Doch warum wurden diese Geschichten ausgerechnet in Island aufgeschrieben, während es aus den anderen nordischen Ländern keinerlei vergleichbare Dokumente gibt?

»Vielleicht«, meint Iðunn, »waren es die besonderen Bedingungen innerhalb der isländischen Gesellschaft, die dazu geführt haben, dass die Geschichten überhaupt entstanden sind.« Nirgends sonst in Europa existierte zur damaligen Zeit ein vergleichbares Staatswesen, ohne Fürsten, Könige oder Kaiser, die Recht und Gesetz bestimmten, und ohne eine Exekutive mit Staatsbeamten, die diese Gesetze hätte umsetzen können. Deshalb brauchte man einen Weg, um den Siedlern das Konzept von Recht und Moral zu veranschaulichen. Verinnerlicht wurde es, indem die Geschichten immer wieder erzählt und an die nachfolgenden Generationen weitergereicht wurden.

Obwohl die Isländer während des Mittelalters weitgehend abgeschieden auf ihrer Insel lebten, drang irgendwann auch zu ihnen die Kunde von den Ritterromanen und den frommen Chroniken vor, die auf dem europäischen Festland entstanden. So mag es gekommen sein, dass eines Tages ein Kreis von gebildeten Isländern den Entschluss fasste, die eigenen Geschichten aufzuschreiben.

Dabei gingen sie chronologisch vor, begannen mit den uralten Überlieferungen aus norwegischer Zeit und setzten die Aufzeichnungen dann mit den Vorfällen aus der isländischen Geschichte fort. Sie nutzten die meist in Versform weitergereichten Erzählungen wie historische Quellen und trugen sie zu einer Art Fortsetzungsroman zusammen. Waren die alten Wikingerverse noch hochkompliziert, voller Rätsel und vielfach kaum mehr verständlich, so bemühten sich die Autoren, deren Inhalte zwar spannend, aber doch möglichst wertneutral wiederzugeben. Das erklärt vielleicht die leidenschaftslose und nüchterne Form, in der sie die Geschehnisse schildern. Selbst die aberwitzigsten Abenteuer beschreiben sie mit der distanzierten Sachlichkeit eines amtlichen Dokumentars.

»Lass mich noch ein berühmtes Beispiel nennen«, fährt Iðunn fort, »die Geschichte von Egil. Sie spannt sich über einen Zeitraum von etwa 150 Jahren und beginnt in Norwegen um das Jahr 850. Los geht es mit Egils Großvater Úlfr, sein Name bedeutet ‚Abendwolf'.«

Úlfrs Familie ist mit dem norwegischen König zerstritten, deshalb wandert Egils Vater eines Tages nach Island aus. Hier kommt Egil zur Welt, und schon von Kindheit an fällt er durch seinen widerspenstigen Charakter auf. Er trotzt beharrlich der bestehenden sozialen Ordnung und begeht bereits mit sieben Jahren seinen ersten Mord. Sein ganzes weiteres Leben ist von Streitereien und Kämpfen, von Intrigen, Mord und Totschlag geprägt. Die Saga endet damit, dass der inzwischen alt gewordene und fast erblindete Egil den Silberschatz versteckt, den er im Lauf der Zeit zusammengetragen hat. In der Abenddämmerung lässt er die Schatzkiste von zwei Sklaven zu einem abgelegenen Ort tragen und dort vergraben, woraufhin der boshafte Greis die beiden erschlägt.

»Das ereignete sich in der Gegend von Mosfellsbær, ein paar Kilometer nördlich von Reykjavik«, schließt Iðunn unseren Exkurs in die Welt der Sagas und kichert. »Der Schatz wurde bis zum heutigen Tage nicht entdeckt. Wenn du auf der Rückfahrt wieder dort im Süden von Island bist, kannst du dich ja mal auf die Suche machen!«

Hafragrautur – Haferbrei zum Frühstück

Zutaten für 4 Personen

150 g Haferflocken
Salz
dazu nach Geschmack: Obst (z.B. klein geschnittene Bananen und Äpfel, verschiedene Beeren), Rosinen, Skyr, Milch, gehackte Nüsse, Mandelsplitter, Schokoflocken, Zimt, Butter und stets brauner Zucker

Zubereitung

Die Haferflocken mit ¾ l Wasser in einen Topf geben, leicht salzen und aufkochen. 2 bis 3 Minuten lang köcheln lassen, dann im Topf auf den Tisch stellen. Jeder nimmt sich davon, süßt nach Geschmack und gibt die Zutaten seiner Wahl hinzu.

Hafragrautur gehört zum typisch isländischen Frühstück. Meist wird noch Lebertran dazugemischt, der pur selbst den hartgesottensten isländischen Kindern kaum schmackhaft zu machen ist. Die Älteren unter uns erinnern sich an den penetranten Geschmack aus der eigenen Kindheit, als die Gabe von Lebertran auch bei uns in Deutschland üblich war. Lebertran ist in Island sehr verbreitet und auch in den Hotels auf vielen Frühstücksbuffets zu finden. Man stellt ihn aus der Leber von Fischen her. Er weist eine hohe Konzentration an ungesättigten Fettsäuren und den Vitaminen A und D auf. Schon die Wikinger verwendeten ihn als Stärkungsmittel. Vitamin A ist gut für die Sehkraft, und seit man den Zusammenhang zwischen Vitamin-D-Mangel und Rachitis kennt, versteht man, warum Lebertran in nordischen Breitengraden ein lebenswichtiges Nahrungsergänzungsmittel ist. Hier macht sich die Sonne rar, die Winter sind endlos lang und düster. So gesehen ist der grässliche Geschmack wirklich das geringere Übel.

In der Küche des Höllenfürsten – Krafla

Wer so viele Geschichten kennt wie die Isländer, der lässt auch die Vulkane nicht einfach so davonkommen, ohne einen jeweils passenden Mythos dafür auf Lager zu haben. Als wir uns am nächsten Morgen auf den Weg zum Krafla-Gebiet machen wollen und Iðunn beim Frühstück davon erzählen, da weiten sich ihre Augen. »Krafla?«, wiederholt sie scheinbar erschrocken, »wisst ihr denn überhaupt, auf was ihr euch da einlasst?« Dann grinst sie verschmitzt und schenkt uns noch einen Kaffee ein. »In der Vulkanregion von Krafla liegt der Eingang zur Unterwelt. Seid bloß vorsichtig!«

Verständlich, dass die Menschen dachten, die Hölle tue sich auf. Denn im Jahr 1724 erwachte das Vulkangebiet der Krafla, das sich über eine Länge von 100 Kilometern erstreckt, mit einem gewaltigen Paukenschlag aus seinem Dämmerschlaf. Eine Dampfexplosion riss von einem Augenblick zum anderen einen tiefen Krater in den Untergrund. Es war der Auftakt zu einer Serie von Ausbrüchen, die sich fünf Jahre lang hinziehen sollte und als »Mývatnfeuer« in die Geschichte Islands einging. Die Vulkanregion Krafla grenzt nämlich an den Mückensee Mývatn und gehört genau wie dieser mit ihren Besonderheiten zum sogenannten Diamanten-Kreis des Nordens.

Jener erste Krater der Mývatnfeuer füllte sich im Lauf der Zeit allmählich mit Wasser und ist heute ein Maar. Seine

Farbe ist von bestechendem Türkisblau, und von seinem Rand eröffnet sich ein weiter Blick über das bergige Hochland. Das erstreckt sich karg und baumlos bis zum Horizont, seine Farbpalette reicht von sanften Grün- und Rottönen bis zum blassen Blau der Ferne. Völlig unwirklich erscheint vor diesem Hintergrund das grelle Türkis des Kraters, und kennt man außerdem noch seine Entstehungsgeschichte, so liegt der Gedanke an eine Eingangspforte zur Unterwelt nicht mehr fern. Passenderweise trägt er deshalb den Namen Víti, das bedeutet »Hölle«.

Und tatsächlich erweist sich der Weg ins Krafla-Gebiet als ein Pfad, der in eine auf geradezu unerhörte Weise fremdartige Welt führt. Hier im Norden von Island manifestieren sich wieder einmal die ungeheuren Kräfte, die der gegeneinander gerichtete Drift der beiden Kontinentalplatten entfacht. Auch im Krafla-Gebiet befinden wir uns nämlich direkt im Bereich des Grabenbruchs.

Schon gleich, als wir das Ufer des Mývatn bei der kleinen Ortschaft Reykjahlíð in östlicher Richtung verlassen, verändert sich die Umgebung. Dafür sorgt zunächst ein von Menschenhand geschaffenes Phänomen am Geothermalkraftwerk Bjarnarflag. Es handelt sich um eines der ältesten Kraftwerke Islands, das sich die Erdwärme zunutze macht, und mit einer Leistung von 3,2 Megawatt gehört es inzwischen auch zu den kleinsten. Das hindert es aber nicht daran, mit seinem Abwasser einen kleinen See zu schaffen, dessen Farbe an Intensität der berühmten Blauen Lagune im Süden der Insel in nichts nachsteht. Gerade heute, bei strahlendem Sonnenschein, ist sein Leuchten von so unglaublicher Irrealität, dass ich fast glaube, meine Augen wollten mir etwas vorgaukeln.

Ein Stück abseits der Straße gibt es für die Fans des farbenfrohen Badens ein Thermalschwimmbad in der Lagune

Jarðböðin, doch wir wollen lieber erkunden, was uns die Hölle nach diesem spektakulären Auftakt sonst noch zu bieten hat. Und sie enttäuscht uns nicht.

Die Straße führt zunächst recht steil aufwärts, denn wir müssen den kleinen Pass Námaskarð überwinden, um zum Zentralbereich der Krafla zu gelangen. Der Pass führt über den Rücken des Námafjall, einem aktiven Vulkan des Krafla-Systems. Als es wieder abwärts geht, färben sich seine Geröllhalden am Straßenrand mehr und mehr rot und gelb, schließlich öffnet sich der Blick zu einer weiten, in der Ferne von düsteren Bergen gesäumten Ebene. Hier beginnt die Mývatnsöræfi, eine schier endlose Einöde. Und rechts der Straße, am Fuß des Námafjall, qualmt es verdächtig. Wir haben Hverarönd erreicht, den Kochtopf des Höllenfürsten!

Hverarönd ist ein aktives Feld voller brodelnder Schlammpfuhle, heißer Quellen, Fumarolen und vor allem mächtig stinkender Solfataren. Entsprechend schwefelgelb schimmert der Boden. In allen Schattierungen von leuchtenden Rot-, Gelb- und Ockertönen erheben sich im Hintergrund die Hänge des Námafjall. Die Passstraße, über die wir eben noch gefahren sind, windet sich wie ein schwarzes Band dort hinauf. Es ist ein vollkommen surreales Bild, das gut und gerne als Endzeitkulisse dienen könnte.

Fasziniert machen wir uns auf den Weg, die schaurige Welt des Hverarönd zu Fuß zu erkunden. Da steigen riesige Blasen aus grau-schwarzem Sumpf und zerplatzen in einer Fontäne aus matschigem Brei. Da blubbern etliche kleinere Bläschen, als köchle das Morastloch auf der kleinen Flamme eines in der Tiefe verborgenen Herdes.

Hier und da hauchen Solfataren drohend ihren schwefligen Odem hinaus, ihre gelblichen Ränder rahmt giftiges Weiß. Den wütend wabernden Dampf der Fumarolen begleitet ein boshaftes Zischen, wehe dem, der ihm zu nahekommt! Und von der Flanke des Vulkans fließt ein siedend heißer Bach herab, er teilt den hellen Boden des Hverarönd mit seinem finsteren Lauf. Wo kann all dies schaurig-schöne Spektakel entspringen, wenn nicht im Dunstkreis der Hölle?

Kaum noch etwas erinnert daran, dass die Menschen selbst dieses abweisende und beängstigende Feuerfeld zu nutzen wussten. Dessen Schwefel stellte nämlich einen wertvollen Rohstoff dar, er wurde bis ins letzte Jahrhundert hinein abgebaut und über den Hafen von Húsavík in alle Welt verschifft. Dort fand er unter den Herstellern von Schießpulver dankbare und zahlungskräftige Abnehmer.

Doch auch heutzutage wird das Krafla-Gebiet wirtschaftlich genutzt. Unser Weg führt uns weiter zum großen Kraftwerk in ihrem Zentralgebiet. Dazu verlassen wir die Ringstraße 1, die am Hverarönd vorbei durch die Wüstenei des Mývatnsöræfi in östlicher Richtung weiterverläuft. Wir biegen auf eine schmale Piste gegenüber vom Hverarönd ab. Schon bald erreichen wir einen kleinen Parkplatz, auf dem mitten im Nirgendwo eine einsame Dusche und ein Waschbecken platziert sind. Neugierig halten wir an. Angenehm warmes Wasser plätschert aus dem Duschkopf vor sich hin und sammelt sich am Boden zu einer Pfütze, aus der bissig-gelbe Schwefelablagerungen hervorblitzen. »Eternal Shower« – »ewige Dusche«, belehrt uns ein Hinweisschild und gibt uns zugleich einen Eindruck vom trockenen Humor der hier tätigen Menschen.

Sie halten sogar noch eine weitere Überraschung für uns bereit: Als wir ein kleines Stück weiter auf eine schmale Schotterpiste abbiegen, um eine eigentümliche Metallkugel aus blassroten Sechsecken näher zu betrachten, entdecken wir auf deren Rückseite eine einsame Toilettenschüssel samt Spülkasten inmitten der Wildnis.

Weiß und befremdlich steht sie dort, versteckt in ihrer Abgeschiedenheit und doch offen inmitten der weitläufigen Landschaft. Das verleiht dem simplen Klosett das Flair einer Installation von grandiosem künstlerischen Esprit. Unterstrichen wird dieser Eindruck durch die riesigen verrosteten Metallteile, die in der Umgebung herumliegen und scheinbar seit Jahren vergessen worden sind.

Das wiederum ist kein seltener Anblick in Island. Mir sind auch die vielen Bagger aufgefallen, die man oft neben Gehöften und Häusern auf den Wiesen stehen sieht. Iðunn hat mir erzählt, dass es eine Zeitlang ein staatliches Förderprogramm gab, das die Anschaffung solcher Baugeräte großzügig unterstützte. So wurden überall Bagger gekauft, und seitdem stehen diese nutzlos in der Gegend herum. Ähnlich überflüssig sind wohl diese Metallteile beim Krafla-Kraftwerk, für ihren Schrottwert interessiert sich kein Mensch.

Das runde Metallgebilde, hinter dem sich das Künstlerklo verbirgt, wirkt wie eine Raumstation auf dem Mars, ein Eindruck, den die Geröllwüste der Umgebung noch verstärkt.

Zu ihm hin führt eine Rohrleitung von beachtlichem Durchmesser. Aus einem großen Ventil entweicht eine rasende Dampfwolke, begleitet von hitzigem Zischen. Die Leitung ist Teil des gewaltigen Röhrensystems, von dem das Krafla-Kraftwerk umgeben ist.

Schon 1975 begann die Errichtung dieses imposanten Elektrizitätswerks, doch umgehend wies das Vulkansystem die vorwitzigen Bauherren in ihre Schranken und zeigte auf eindringliche Art, dass mit ihm nicht zu spaßen ist. Es begannen die sogenannten Krafla-Feuer, eine Ausbruchsserie, die von 1975 bis 1984 fortdauern sollte.

Die Krafla-Feuer kennzeichnete, dass sie innerhalb der zentralen Caldera des Vulkansystems stattfanden, genau dort, wo der Bau des Kraftwerks geplant war. Wie aktiv diese Zone ist, zeigt sich ja schon im Bereich des Vulkanfeldes Hveraröndsehr eindringlich, wo der Boden auch heute noch ständigen Änderungen unterworfen ist. Im September 1975 gesellte sich jedoch auch der Vulkan Leirhnjúkur zum brodelnden Reigen hinzu. Er liegt etwa acht Kilometer nördlich des Hveraröndund ragt mit seinem rund 600 Meter hohen Gipfel aus der Caldera der Krafla empor. Unter seiner Nordflanke begann sich damals in drei bis sieben Kilometern Tiefe eine große Magmakammer zu füllen, was über einen Zeitraum von neun Jahren hinweg immer wieder zu Ausbrüchen führen sollte.

Heute ruht der Leirhnjúkur, und gut ausgebaute Wanderwege führen durch seine Lavafelder und auf den Gipfel. Der zentrale Bereich der Krafla gilt als eines der interessantesten Wandergebiete von Island, entsprechend gut ist er durch ein Wegenetz erschlossen, das zudem ständig ausgebaut wird. Dass auch der Leirhnjúkur keineswegs sein letztes Wort gesprochen hat, davon zeugen die vielen kleinen Krater in seiner Umgebung, aus denen noch immer Wasserdampf und Gase entweichen.

Die Aktivitäten während der Zeit der Krafla-Feuer vereitelten die ehrgeizigen Pläne für den Kraftwerkbau zunächst. Neben den Lavaströmen, die sich immer wieder vom Leirhnjúkur hinab in Richtung des Bauplatzes wälzten, erschütterten ständige Erdbeben das Gebiet. Teile des Untergrunds sackten ab, andere wölbten sich empor, Gräben und Spalte rissen auf. Nicht gerade optimale Voraussetzungen, um ein Bauwerk darauf zu errichten. Umso erfreulicher erwiesen sich die Krafla-Feuer für die Geowissenschaften. Weil nämlich die Feuer periodisch abliefen, konnten die Forscher nachweisen, dass die Bewegung der Kontinentalplatten in Schüben verläuft. Das Gleiche gilt für den als Rifting bezeichneten Unruheprozess im Bereich ihres Grabenbruchs.

Doch der Staat Island, Bauherr des Kraftwerk-Projekts, gab nicht klein bei. Obwohl die Lava mitunter nur ein kurzes Stück vor der Baustelle zum Stillstand kam, wurde eine erste Turbine installiert. Dann allerdings erzwangen die fortlaufenden Probleme ein vorläufiges Ende des Ausbaus. Die schon zu Baubeginn geplante zweite Turbine ging erst 1999 ans Netz, seitdem allerdings erbringt das Krafla-Kraftwerk eine beachtliche Leistung von 60 Megawatt. Nur im Süden Islands gibt es zwei Kraftwerke, die diese Leistung noch übertreffen können.

Wir fahren am Kraftwerk vorbei durch eine Talsenke, an deren Hängen sich die Rohre kreuz und quer verteilen, so als habe sie ein spielendes Riesenkind willkürlich dort verlegt. Sie bilden sogar eine Art Tor, unter dem wir hindurchfahren müssen, um endlich zum legendären Eingang der Unterwelt zu gelangen. Zum krönenden Abschluss unseres Besuchs der Krafla sehen wir endlich das Maar Víti in seinem herrlich leuchtenden Türkisblau!

Wie ein bleicher Bandwurm windet sich die Schotterpiste durch die Hügellandschaft, die uns zurück nach Húsavík führt. Hier folgen wir dem Grabenbruch der Kontinente noch ein Stück weiter nordwärts bis zur Halbinsel Tjörnes. Auch sie ist Teil des Mittelatlantischen Rückens und als solcher ein Spielball der Plattenbewegungen. Ihre Besonderheit ist, dass ihr Untergrund durch gewaltige tektonische Kräfte angehoben wurde, wodurch Sedimente des Meeresbodens in einer dicken Schicht an die Oberfläche traten. Wir haben schon im Kapitel über die Geologie davon gehört, dass dies für Island nicht nur ungewöhnlich, sondern sogar einzigartig ist.

Am Rand des Weges, der hinab in eine kleine Bucht führt, sind die einzelnen Schichten dieser Sedimente gut zu sehen.

Dicht an dicht drängen sich die Muscheln darin zusammen. Wer mit den Einzelheiten der Geologie nicht so viel anfangen kann, der wird sich eher über den wunderbaren Panoramablick freuen, der sich von hier über die Bucht von Húsavik bietet.

Wie der sprichwörtliche einsame Fels in der Brandung setzt sich die Insel Lundey davor in Szene, bekannt für die zahllosen Papageientaucher, die auf ihr nisten. Und unterhalb, auf dem schwarzen Strand, liegen ein paar der bleichen Baumstämme, die wir schon so oft an den Ufern von Island gesehen haben. Wo mögen die wohl herkommen?

Pönnukökur – isländische Pfannkuchen

Zutaten für 4 Personen:

400 g Mehl
1 l Milch
4 Eier
100 g Butter
60 g Zucker
1 Pck. Vanillezucker
1 Tl Backpulver
Salz

Zubereitung:

Mehl, Zucker, Vanillezucker und Backpulver in einer Schüssel miteinander vermischen. Die Milch in einer zweiten Schüssel gut mit den Eiern verquirlen, eine ordentliche Prise Salz hinzugeben und dann langsam unter Rühren in die Mehl-Zuckermischung fließen lassen. 60g Butter zerlassen und zum Schluss in die Masse rühren, alles sehr gut miteinander vermischen.

In einer beschichteten Pfanne einen Teil der verbliebenen Butter erhitzen, dabei nicht zu heiß werden lassen. Die Pönnukökur sollen nur bei mittlerer Hitze gebraten werden. Mit dem Schöpflöffel so viel vom Teig in die Pfanne geben und dort gleichmäßig verteilen, dass ein hauchdünner Pfannkuchen entsteht. Sobald die Oberfläche zu stocken beginnt, mithilfe eines Deckels wenden und kurz von der anderen Seite braten. Könner dürfen den Pfannkuchen zum Wenden natürlich auch aus der Pfanne in die Höhe schleudern, viel Glück dabei.

Mit dem restlichen Teig so weiter verfahren, bei Bedarf etwas Butter nachgeben. Die fertigen Pönnukökur im Backofen bei 80°C warm halten, bis alle gebacken sind.

Man serviert die Pönnukökur klassisch mit Marmelade (gerne Rhabarbermarmelade, s. Seite 111) und Schlagsahne. Sie schmecken aber auch mit Zucker bestreut und eingerollt.

In Island verwendet man zum Backen der Pönnukökur eine spezielle Pfanne, deren Bratfläche von feinen Rillen kreisförmig durchzogen ist, so ähnlich wie bei einer Schallplatte.

Ein Geschenk der Götter – Treibholz an Islands Küsten

Vielleicht weiß Iðunn, was es mit dem Treibholz an Islands Stränden auf sich hat. Gleich nach unserer Rückkehr frage ich sie danach.

»Ja, das ist faszinierend, nicht wahr?« Iðunn ist gerade von einem Ausritt zurückgekommen und zieht erst einmal ihre Reitstiefel aus. »So viel Holz an den Küsten einer Insel ohne Wälder, das ist erstaunlich. Aber es ist ja nicht so, dass Island schon immer eine baumlose Wüste gewesen wäre«, fügt sie hinzu, während sie mit einem Stiefelknecht hantiert. Als sie fertig ist, lädt sie mich dazu ein, vor dem großen Fenster in ihrem Wohnzimmer Platz zu nehmen. Es öffnet sich zu einem weiten Panorama über die schöne Bucht von Húsavík. Iðunns Hof liegt ein bisschen außerhalb des Ortes, Wege führen an den Hängen entlang und hinunter zum schwarzen Strand. Es ist ein Paradies für Reiter, deshalb bietet Iðunn auch geführte Ausritte für Touristen an.

»Früher, bevor die Menschen nach Island kamen, bedeckten ausgedehnte Wälder weite Teile des Landes von der Küste bis zu den Bergen. Angeblich erstreckten sie sich über ein Drittel der gesamten Fläche von Island, wohingegen heute weniger als ein Prozent davon bewaldet ist«, fährt sie fort, nachdem sie uns ein Gläschen Brennivín eingeschenkt hat. »Man gibt dem unersättlichen Holzhunger der Wikinger die

Schuld daran, dass die Wälder verschwunden sind.« Ich weiß natürlich, dass die Nordmänner Unmengen von Holz benötigten, um ihre Schiffe und Langhäuser zu bauen. Außerdem, um das Feuer in Gang zu halten, mithilfe dessen sie ihre Wohnstätten beheizten, ihre Mahlzeiten kochten, die Glut in ihren Schmiedeöfen schürten. Zurück blieb eine kahle Insel. »Ein ganz schöner Raubbau ist das, was sie da betrieben haben!«, stelle ich entrüstet fest.

»Na ja, ganz so ist es nicht gewesen. Man könnte eher sagen, dass es eine Verkettung von unglücklichen Umständen gab«, verteidigt Iðunn ihre Vorfahren.

Dann erklärt sie mir, dass Wissenschaftler Proben von Pollen aus dem Moorboden entnommen und dadurch nachgewiesen haben, dass ab dem Ende der letzten Eiszeit mehrheitlich Moorbirken, Ebereschen und Weiden in Island wuchsen. Doch das nordische Klima mit seinen kurzen Vegetationsperioden und den kräftigen Winden ließ es nicht zu, dass diese Bäume in den Himmel wachsen konnten. Vielmehr bildeten sie lichte Wälder aus niedrigen, krummen Gewächsen, so ähnlich wie man das noch heute in den Tundren des nördlichen Skandinaviens und in Sibirien sehen kann.

Mit diesem kläglichen Material ließen sich aber weder Schiffe noch Häuser bauen. Allenfalls als Feuerholz eignete es sich, vielleicht auch noch, um Weiden zu umzäunen und kleinere Gerätschaften daraus herzustellen.

Für die Wälder Islands bedeutete die Ankunft der Siedler trotzdem das Aus. Denn deren Feuer verschlangen massenweise Holz, außerdem rodeten die Bauern riesige Flächen, um Platz für Weiden zu schaffen. Ihre Schafe taten ein Übriges. Sie fraßen die niedrigen Bäumchen kahl, und kein Schössling hatte eine Chance. Kaum streckte er seinen Keim aus dem Boden, da nagten die Schafe ihn auch schon wieder ab.

Doch ohne Holz gestaltete sich das Leben im kühlen Klima Islands ganz schön schwierig. »Welch ein Glück, dass die Wogen immer wieder Stämme an die Strände spülten!« Iðunn schaut aus dem Fenster, als könne sie das Treibholz dort irgendwo in der Ferne an der Küste ausmachen. »Natürlich war es nicht genug, um Häuser und Schiffe daraus zu bauen. Das dazu erforderliche Holz musste aus Norwegen importiert werden und war entsprechend teuer. Doch für den Dachstuhl, für Truhen und Sitzmöbel, als Stütz- oder Weidepfähle, zum Ausbessern von Planken, Masten und Steuerrudern oder als Brennholz eignete sich das Treibholz allemal.«

Ich weiß nicht, was die Menschen im Mittelalter über diese großzügigen Geschenke des Meeres gedacht haben. Sicherlich fragten auch sie sich, wo das Holz wohl herkommen mochte. Stiegen die Stämme wie Geister als bleiche Skelette aus den Fluten empor, um die Menschen zu mahnen und an die gestorbenen Wälder zu erinnern? Oder waren sie vielmehr Gaben der alten Götter oder des einen Gottes der Christen? Gedieh vielleicht ein mysteriöser Wald tief unten am Meeresboden? Wirkten Nixen und Wassermänner dort am Grund des Ozeans und schlugen dessen Stämme, um den Isländern zu helfen? Oder stammte das Holz von gesunkenen Schiffen, ja, vielleicht sogar von Noahs Arche? Denn die Stämme wirkten ziemlich alt, manche davon sogar uralt.

Lange haben die Menschen vergeblich gerätselt, was es mit dem mysteriösen Treibholz auf sich haben könnte. Als in späteren Zeiten versucht wurde, die Frage von einem wissenschaftlichen Ansatz her zu beantworten, vermutete man zunächst, es stamme von gesunkenen Holzkähnen. »Da müssten aber eine ganze Menge solcher Kähne versinken, denn der Nachschub an Treibholz reißt nicht ab,« stellt Iðunn fest. »So reichlich wird es an unsere Küsten gespült, dass es im

Nordwesten von Island sogar ein Sägewerk gibt, obwohl dort überhaupt keine Bäume wachsen. Deshalb verarbeitet dieses Sägewerk ausschließlich Treibholz.«

In unserer Zeit konnte die Frage nach der Herkunft des Holzes endlich geklärt werden. Sie ist sogar im großen Stil erforscht worden, denn Schweizer Wissenschaftler haben knapp 1.000 Proben entnommen und eingehend untersucht.

Dazu wurden zunächst die Baumarten bestimmt. Heraus kam, dass es sich bei den Proben zu einem ganz wesentlichen Teil um das Holz von Waldkiefern handelte. Damit war klar, dass das Strandgut keinesfalls aus Nordamerika herangespült worden sein konnte, denn dort existiert diese Baumart nicht. Als Ursprungsort der Stämme kamen nur noch Nordeuropa und der Norden von Asien infrage.

Nun untersuchten die Forscher die Jahresringe der einzelnen Exemplare, um die Herkunftsregion genauer eingrenzen zu können. Von den großen Waldgebieten der Erde existieren nämlich systematische Aufzeichnungen, mit deren Hilfe man anhand der Jahresringe die genaue Herkunft eines Holzes bestimmen kann. Und siehe da: Alles untersuchte Holz kam aus den großen Flusseinzugsgebieten Russlands. Und mehr als 90 Prozent der Kiefern stammten aus den Wäldern am Jenissei.

Der Jenissei zählt mit seinem gut 4.000 Kilometer langen Verlauf zu den längsten Flüssen unserer Erde. Zusammen mit seinen Nebenflüssen entwässert er einen erheblichen Teil von Sibirien.

»Aber wie sind die Baumstämme in die Flüsse gekommen?«, frage ich verwundert.

»Manche der Stämme besitzen noch Rudimente ihres Wurzelstocks. Bei diesen Bäumen geht man davon aus, dass sie umgestürzt und ins Wasser gefallen sind«, weiß Iðunn. »Doch mehr als die Hälfte der Bäume sind glatt abgeschnitten. Weil kein Sturm das zustande bringt, ist klar, dass diese Bäume von Menschenhand abgesägt worden sind.«

In den riesigen borealen Wäldern Sibiriens werden seit jeher Bäume im großen Stil gefällt. Der Holzhandel war stets eine wesentliche Einnahmequelle der dort lebenden Menschen. Um die Bäume zu ihrem Bestimmungsort zu transportieren, wurden sie über die Flüsse geflößt. Die Technik der sibirischen Flößer war allerdings äußerst verlustreich, bis zu 50 Prozent der Stämme gingen auf diese Art verloren.

»Besonders drastisch fielen die Verluste in den Jahren zwischen 1920 und 1975 aus, einer Zeit, in der die Holzfällerei in Sibirien ihren Höhepunkt erlebte«, lässt Iðunn mich wissen. »Seit den Siebzigerjahren wurde die Technik des Flößens dann sukzessive verbessert, heute gehen deshalb nur noch sehr wenige Stämme verloren. Lediglich die großen Frühjahrsfluten während der Schneeschmelze reißen noch immer sehr viele mit sich davon.«

Haben die Stämme dann die Mündung des Jenisseis und damit das Polarmeer erreicht, sind sie den Meeresströmungen ausgeliefert. Diese tragen sie über viele tausend Kilometer, die Reise dauert oft mehrere Jahre. Währenddessen wird das Holz von den Wellen bearbeitet und von der Sonne gebleicht, weil es oben auf dem Wasser schwimmt. Manchmal friert es im Packeis ein, wird dort gerieben und gepresst und taut erst Monate später wieder auf. Wenn es nach all diesen Prozeduren schließlich an einen Strand gespült wird, hat es seine Säfte und Öle vollständig verloren, außerdem hat es die charakteristische bleich-graue Färbung erhalten. Man braucht es jetzt nur noch zu säubern und an Land zu trocknen, ein Prozess, der nach wenigen regenfreien Tagen erledigt ist.

»Und so haben die sibirischen Holzfäller der vergangenen Jahrhunderte ohne es zu ahnen ihren Beitrag dazu geleistet, dass die Siedler auf Island überleben konnten. Ohne Holz wäre das nämlich schier unmöglich gewesen«, resümiert Iðunn.

Heute sind die Isländer natürlich nicht mehr auf das Treibholz angewiesen, weil Holz relativ günstig importiert werden kann und außerdem zum Heizen kaum noch benötigt wird. Deshalb lassen sie die Stämme meist achtlos an den Stränden liegen. Wird dennoch etwas aufgesammelt, dann meist von Künstlern oder Bastlern, die daraus Skulpturen oder fantasiereiche Dekorationselemente herstellen.

»Doch wer weiß, was die Zukunft bringt.« Iðunn legt sinnierend die Stirn in Falten. »Um nie mehr wegen Holzmangels in die Bredouille zu geraten, werden inzwischen in Island immer mehr Wälder aufgeforstet.«

In anderen Teilen der Welt, in denen ein vergleichbares Klima herrscht, wachsen widerstandsfähige Nadelgehölze wie Tannen, Fichten und Koniferen. Diese Baumarten hat es auf Island allerdings nie gegeben. »Man weiß nicht so genau, warum das der Fall ist«, sagt Iðunn. »Es scheint so zu sein, dass die Zapfen dieser Gewächse im Meer nicht lange genug überdauern, um noch fruchtbare Samen bis nach Island tragen zu können.« Dann lacht sie. »Wären die Wikinger schlau gewesen, hätten sie ein paar Tannenzapfen im Gepäck gehabt, als sie damals hier ankamen.«

Die Anpflanzungen der letzten Jahrzehnte zeigen recht anschaulich, was auf Island so alles gedeihen kann. Über Jahrzehnte hinweg haben Forstexperten nach geeigneten Baumarten gesucht, ihre Erkundungsreisen führten sie nach Sibirien, Norwegen, Alaska und in die höheren Lagen der Alpen. Als gut geeignet erwiesen sich Espen, sibirische Lärchen und besonders Birken.

Seit der ersten Hälfte des letzten Jahrhunderts sind dank dieser Bemühungen ein paar recht ansehnliche Wälder entstanden, zum Beispiel bei Akureyri, bei Egilsstaðir oder im Forst von Haukadalsskógur in der Nähe des Großen Geysirs im Süden der Insel. Dieser Wald, dessen Anpflanzung Ende der Dreißigerjahre des letzten Jahrhunderts mit Tannen aus Sibirien und Alaska begann, zählt heute zu den bedeutendsten zusammenhängenden Waldgebieten der Insel.

Deren allergrößter Wald heißt Hallormsstaðaskógur und liegt am Ostufer des Sees Lögurinn im Westen von Island. Hier wurde schon 1903 ein Forstamt gegründet, heute informieren ein Baummuseum und Lehrpfade über die Geschichte der Aufforstung in Island. Es gibt inzwischen mehr als 80 Baumarten in diesem Wald, sie stammen aus den arktischen Klimazonen der ganzen Welt.

»Leicht ist es für die Bäume nicht, die lange lichtlose Winterzeit zu überstehen, auch wenn das viele Tageslicht im Sommer einen Ausgleich schafft. Aber schlimmer noch sind die vielen Stürme«, seufzt Iðunn. »Sie bringen so heftige Böen, dass es einen Baum glatt entwurzeln kann. Deshalb ist es günstiger, wenn die Bäume nicht so sehr in die Höhe wachsen und kein allzu dichtes Blattwerk entwickeln. Birken sind nicht nur deshalb im Vorteil, weil sie ohnehin zur ursprünglichen Vegetation gehören, sondern auch, weil ihre Stämme und Äste sehr biegsam sind.«

Um den Wäldern eine Chance zur Ausbreitung zu geben, müssen die Weideflächen der Schafe allerdings eingezäunt werden. Das ist in weiten Teilen Islands nicht üblich und den Bauern nur schwer verständlich zu machen. Anderseits sind die waldlosen Böden der Erosion schutzlos ausgesetzt, was zur Folge hat, dass die steinigen Wüstenlandschaften sich immer weiter ausdehnen und auch den Schafen keine Nahrung mehr bieten.

In Gebieten, die für die Wiederaufforstung vorgesehen sind, werden zunächst Lupinen ausgesät, deren blaues Blütenmeer im Sommer weite Ebenen bedeckt und eine wahre Augenweide ist. Lupinen reichern nämlich Stickstoff im Boden an, sie binden zudem Sand und herumwehende Asche. Das macht sie zu optimalen Wegbereitern für zukünftige Wälder.

»Wälder wirken der Wüstenbildung entgegen, damit schützen sie unsere heimische Tier- und Pflanzenwelt. Sie verbessern die Luft und leisten einen wichtigen Beitrag zum Klimaschutz,« schließt Iðunn ihren Bericht. »Und uns Menschen tut ein Waldspaziergang doch auch ganz gut.«

Plokkfiskur – ein Stampfgericht aus Fisch und Kartoffeln

Zutaten für 4 Personen:

600 g Kabeljau- oder Schellfischfilet
600 g mehlig kochende Kartoffeln
600 ml Milch
1 Zwiebel
80 g Butter
50 g Mehl
Pflanzenöl
Salz
Pfeffer

Zubereitung:

Die Kartoffeln waschen und mit der Schale in Salzwasser weich garen. Anschließend pellen und grob würfeln.

Die Fischfilets salzen und pfeffern, ein Backblech mit Pflanzenöl einpinseln und die Filets darauflegen. Den Backofen auf 150°C vorheizen und die Filets 15 Minuten lang darin backen. Die Zwiebel schälen und fein würfeln. Die Butter in einer großen Pfanne zerlassen, die Zwiebelstücke hinzugeben und mit dem Mehl bestäuben. Braten, bis sie goldbraun sind. Mit der Milch ablöschen, diese kurz aufkochen lassen und dann bei milder Hitze 5 Minuten simmern lassen, dabei regelmäßig rühren.

Die Kartoffelstücke und den Fisch mit der Gabel zerdrücken und mit in die Pfanne geben. Mit dem Holzlöffel rühren und erhitzen, bis Fisch- und Kartoffelstücke zerfallen sind. Mit Roggenbrot (am besten isländisches Rúgbrauð) servieren.

Dieses einfache Fischgericht ist in Island sehr verbreitet. Ursprünglich diente es als reines Resteessen. Fisch und Kartoffeln waren preiswert und gut erhältlich, deshalb kam beides oft auf den Tisch. Was übrig blieb, verarbeitete man zu Plokkfiskur.

Willkommen im Vogelparadies – Islands gefiedertes Volk

Ich bin kein besonderer Vogelkenner, und schon gar nicht teile ich die Leidenschaft begeisterter Ornithologen. Zwar finde auch ich die großen Raubvögel faszinierend, die majestätisch in den Lüften kreisen. Aber ich käme wohl kaum auf die Idee, einen Beobachtungsposten zu beziehen und mich auf die Lauer zu legen, um zu schauen, was da so alles vorbeifliegt.

Gut, ich muss gestehen, dass ich Hühner mag. Nein, nicht auf dem Teller, sondern live auf dem Hühnerhof. Deshalb habe ich mich auch an Iðunns Hühnerschar erfreut, und umso mehr, als sie mir von deren Besonderheit erzählte. Denn es handelt sich keineswegs um gewöhnliche Haushühner, die da bei ihr auf dem Pferdehof herumgackern. Vielmehr gehören die neun Hennen und der stolze Hahn zur Rasse des Isländischen Landnahmehuhns. Diese Tiere kamen mit den allerersten Wikingersiedlern ab dem Jahr 870 nach Island, und seit dieser Zeit wurden sie unverändert weitergezüchtet. Sie legen reichlich Eier, haben gutes Fleisch und vertragen vor allem das raue Klima ganz hervorragend. Mit dem Aufkommen moderner Hochleistungshühner wären sie beinahe ausgestorben, nur ein paar Liebhabern ist es zu verdanken, dass die alte Rasse überlebt hat. Mittlerweile besinnen sich aber mehr und mehr isländische Hühnerhalter der alten Wegbegleiter ihrer

Vorfahren, sodass Landnahmehühner längst nicht mehr nur auf Iðunns Hof herumscharren.

Aber wer kommt schon nach Island, um Hühner anzuschauen? Überhaupt stand jegliches Federvieh nicht gerade weit oben auf unserer Prioritätenliste, als wir die Reise antraten. Ist man aber in Island unterwegs, dann wird es selbst Reisenden mit eingefleischter Vogel-Missachtung schwerfallen, einfach über die gefiederten Wesen hinwegzusehen. Denn sie sind allgegenwärtig, und sie zeigen sich in einer Vielfalt und mit einem solchen Charme, dass es schier unmöglich ist, sich ihnen zu entziehen. Von dem Ehrfurcht gebietenden Seeadler, der bei einem Zwischenstopp seine Flugkünste direkt über uns zur Schau stellte, habe ich schon erzählt. Diese Raubvögel gibt es jedoch nur im äußersten Westen von Island.

Fast überall auf unseren Spaziergängen neckte uns aber ein merkwürdiges Geräusch in der Höhe, und es dauerte eine Weile, bis wir dessen Verursacher ausmachen konnten. Es handelte sich um ein eigentümliches Wummern, ein gedämpftes Tremolo meckernder Töne, das sich von oben näherte, dabei lauter wurde, schließlich an uns vorbeizog und wieder verklang. Es kam uns vor, als triebe ein schalkhafter Geist seinen Schabernack mit uns.

Deshalb erstaunt es mich nicht, dass sich etliche Volksmythen um dieses wummernde Wesen ranken. Ist man allein im nebligen Moor, so kann das bestimmt ganz schön unheimlich wirken. Ein gefiederter Dämon sei die Ursache, so raunten die Menschen einander zu. Ein Todesvogel, der sie mit seinen Klängen verlache und nichts als Elend, Siechtum und Sterben ankündige.

Doch schließlich landete einer der unschuldigen Gesellen, denen man solcherlei Umtriebe andichtete, direkt neben uns im Gras. Er entpuppte sich als unscheinbares Vögelchen, nicht mehr als 20 Zentimeter lang, von bräunlich-weißer Tarnfarbe mit ein paar dunklen Streifen im Gesicht. Das einzig Auffällige bestand in seinem extrem langen und dünnen Schnabel. Es handelte sich um eine Bekassine, einen Zugvogel aus der Familie der Schnepfenvögel. Und das markante Geräusch entsteht beim Balzflug der männlichen Exemplare: Aus nicht unbeträchtlicher Höhe lassen sie sich im Sturzflug fallen und spreizen dabei ihre Steuerfedern. Diese vibrieren dann bedingt durch den Luftwiderstand und erzeugen so das charakteristische Wummern. Darauf fliegen nämlich die paarungswilligen Bekassinendamen.

Neben Seeadlern und Bekassinen gibt es natürlich noch zahllose andere Vögel, die man in Island beobachten kann. Darunter sind die verschiedensten Arten von Möwen, Gänsen und Enten, außerdem Gerfalken, Schneeammer, Schneehühner, Brachvögel, Eistaucher, Tölpel, Alke, Lummen, Eissturmvögel und viele mehr. Zu den beeindruckendsten Fliegern zählen die Küstenseeschwalben, sie wirbeln nicht nur in gewandten Spiralen durch die Luft, sondern legen auf ihren Zugwegen auch die längsten Strecken zurück, die Vögel überhaupt bewältigen können. Ganze 30.000 Kilometer schaffen sie dabei pro Jahr. In Island haben sie ihre Brutplätze, und dabei verstehen sie keinen Spaß. Kommt man ihrem Gelege zu nahe, können sie ganz schön aggressiv werden. Laut kreischend stürzen sie sich mit ihren spitzen Schnäbeln auf jeden Eindringling, so mancher Wanderer musste damit schon unliebsame Erfahrungen machen.

Besonders gefallen haben mir die erhaben schönen Singschwäne, die in weiten Teilen von Island ganzjährig vorkommen. Sie machen ihrem Namen alle Ehre, wenn sie ihre dunklen Posaunenklänge ertönen lassen, und obwohl sie, wie alle Arten der Schwäne, keine wirklichen Flugkünstler sind, so erzeugen sie beim Fliegen zumindest nicht das plump-schwerfällige Geräusch unserer heimischen Schwäne.

Doch unter Islands Vögeln gibt es unbestreitbar einen Star, der zwar kein solcher im ornithologischen Sinne ist, doch immerhin der erklärte Liebling der meisten Islandreisenden. Es ist der Papageientaucher, der so clownesk und putzig aussieht, dass man ihn geradezu zwangsläufig ins Herz schließen muss.

»Lundi« nennen die Isländer diesen auffälligen Vogel, den sein leuchtend rot, orange, gelb und blaugrau gemusterter Schnabel kennzeichnet. Dessen dreieckige, gebogene Form erklärt außerdem, warum wir Deutschen den kleinen Vogel mit einem Papagei in Verbindung bringen, obwohl er auch einem Pinguin ziemlich ähnlichsieht. Über den Pausbäckchen seines weißen Gesichts liegen die Augen geradezu schelmenhaft zwischen blaugrauen Strichen, die wie mit Eyeliner gezogen wirken. Die Italiener nennen ihn »pulcinella di mare«, und wer Pulcinella kennt, die Figur aus dem neapolitanischen Volkstheater, der weiß, dass damit ein tölpelhafter, aber überaus sympathischer Hanswurst gemeint ist.

Nachdem mein großer Wunsch, Wale im offenen Meer zu beobachten, endlich erfüllt ist, keimt sogleich die nächste Sehnsucht in mir auf. So geht es uns Menschen nun einmal, kaum haben wir etwas bekommen, da verlangen wir auch schon nach dem Nächsten. Papageientaucher müssen es jetzt sein, und zwar nicht irgendwo in der Ferne, nein, möglichst aus direkter Nähe! Geduldig fügt sich mein Mann in sein Schicksal und nimmt willig einen weiten Umweg in Kauf, denn in Bakkagerði, so habe ich gelesen, gibt es einen Beobachtungsfelsen, an dem auch dieser Wunsch in Erfüllung zu gehen verspricht.

Sie erinnern sich an Bakkagerði? Richtig, in dem Winzlingsdorf im Nordwesten von Island liegt die Burg des Elfenkönigs. Ansonsten kennzeichnet den Ort nicht nur seine bescheidene Größe, sondern auch die Tatsache, dass man die Ringstraße 1 in Egilsstaðir verlassen und rund 70 Kilometer auf einer weitgehend nicht asphaltierten Piste zurücklegen muss, um dort hinzugelangen. Man kommt anschließend nicht umhin, die gleiche Strecke auch wieder zurückzufahren, denn in Bakkagerði endet die Straße. Es liegt sozusagen am Ende der Welt.

Nimmt man das in Kauf, so entlohnt die wunderbare, weite Polarlandschaft, die man durchfährt, die Mühe des Weges. Vor allem die Passstraße über die Berge vor der Bucht von Bakkagerði hält atemberaubende Panoramen bereit.

Nachdem wir den Ort endlich erreicht und den Elfenhügel hinlänglich erkundet haben, müssen wir noch ein Stück weiter um die Bucht herumfahren, bis wir am kleinen Hafen des Ortes die geschützte Insel Borgarfjarðarhöfn mit dem Vogelfelsen Hafnarhólmi erreichen. Dies, so heißt es, sei der mit Abstand beste Platz auf Island, um Papageientaucher aus allernächster Nähe zu beobachten.

Das verspricht Sichtungen der Superlative, denn Islands Bestände an Papageientauchern zählen weltweit zu den größten, wenn sie nicht die allergrößten überhaupt sind. Manche Vogelkundler behaupten sogar, dass in Island 60 Prozent aller Papageientaucher der Welt heimisch sind. Und das, obwohl die niedlichen Vögel und ihre Eier noch bis zu Beginn des letzten Jahrhunderts zu den beliebtesten Gerichten der Isländer zählten! Auch heute werden noch vereinzelt Papageientaucher gefangen und verzehrt, die meisten Isländer bevorzugen aber inzwischen andere Speisen. Ihnen ist es also nicht zuzuschreiben, dass die Bestände der Papageientaucher überall rückläufig sind. Die Weltnaturschutzunion IUCN stuft sie mittlerweile sogar als gefährdet ein, der Grund ist wohl im sich verändernden Nahrungsangebot des Atlantiks zu suchen. Und hierbei spielt neben der Klimaveränderung vor allem die Überfischung eine Rolle.

Wer Papageientaucher sehen möchte, der sollte in der Zeit zwischen Ende April und Mitte August nach Island kommen. Denn den Rest des Jahres verbringen die Tierchen weit draußen auf dem Meer. Das klingt unglaublich, und man fragt sich unweigerlich, wie sie die Zeit von Kälte und Winterstürmen auf dem offenen Ozean überstehen. Aber das bleibt wohl ihr Geheimnis.

Im April kehren sie allmählich zurück in Richtung Küste. Unterwegs widmen sie sich der Paarfindung, sodass sie sich gleich nach der Ankunft an den Nestbau machen können. Hierfür wählen sie die grasbewachsenen Kanten steiler Kliffe. Zwischen Gras und Fels muss sich ein dickes Polster aus abgestorbenem Pflanzenmaterial befinden, denn dort graben sie ihre Bruthöhlen hinein. Auf solchen Klippen sollte man einen Spaziergang nahe der Abbruchkante tunlichst vermeiden, denn sonst könnte man unversehens in ein Brutloch tapsen, das Gleichgewicht verlieren und hinabstürzen.

Die elterlichen Pflichten teilt das Papageientaucherpaar gerecht untereinander auf. Es gibt pro Jahr nur ein einziges Ei, welches beide Elternvögel abwechselnd bebrüten. Wenn das Küken nach rund fünf Wochen endlich schlüpft, kümmern sich beide Eltern noch einmal fünf bis sieben Wochen lang um dessen Ernährung. Kurz bevor es endgültig flügge ist, trainiert das Papageientaucherkind ein paarmal heimlich in der Nacht, um sich dann eines Tages die Klippe hinabzustürzen und über dem Meer zu verschwinden. Nie wieder wird der undankbare Racker zu seinen aufopferungsvollen Eltern zurückkehren, nur seiner Heimat bleibt er treu und kommt zur nächsten Brutsaison zurück.

Die verlassenen Eltern machen sich nun ihrerseits auf den Weg. Das Paar trennt sich, jeder für sich reist auf die offene See hinaus. Im kommenden Frühjahr jedoch finden die beiden erstaunlicherweise wieder zusammen. Sie halten einander ein Leben lang die Treue, während der Wintermonate legen sie nur eine ausgedehnte Beziehungspause ein.

Nun wird es aber Zeit, den Tierchen endlich näherzukommen! Die Insel Borgarfjarðarhöfn ist durch einen Damm mit dem Festland verbunden und bequem zu erreichen. Noch dazu führt ein gut befestigter Holzsteig auf sie hinauf und direkt an den Brutplätzen der Papageientaucher vorbei. Unterwegs gibt es außerdem eine geschützte kleine Beobachtungsstation.

Natürlich komme ich kaum voran. Schon im Hafenbecken sehe ich sie schwimmen, und dann, als ich mich endlich daranmache, die Insel zu besteigen, entdecke ich sie überall. Das ist eigentlich nicht verblüffend, heißt es doch, dass etwa 10.000 Papageientaucherpärchen alljährlich hier in Bakkagerði brüten!

Sie sitzen im Gras und schauen in die Gegend, offenbar völlig unbeeindruckt von uns menschlichen Gaffern. Selbst als ich mich wie ein aufdringlicher Paparazzo mit gezückter Kamera vorsichtig immer näher an einen der Vögel heranpirsche, bleibt dieser einfach sitzen und missachtet mich mit königlicher Nonchalance. Zumindest hier auf diesem Felsen sind sie die neugierigen Menschen wohl gewohnt, obwohl heute außer uns kaum jemand den Weg hierher gefunden hat. Den meisten Reisenden ist der Abstecher wohl offensichtlich doch zu weit.

»Wir müssen dann auch mal weiter«, beginnt mein Mann nach einer endlosen Weile geduldigen Wartens zu mahnen. Was, jetzt schon? Wo ich doch erst rund 500 Papageientaucher-Fotos im Kasten habe?

Aber schließlich siegt auch bei mir die Vernunft. Wir müssen an diesem Tag nicht nur die 70 Kilometer zurück nach Egilsstaðir fahren, sondern noch weiter entlang der Ostfjorde bis zum Tausend-Seelen-Nest Reyðarfjörður.

Und die kleine Ortschaft entschädigt mich am Abend großzügig dafür, dass ich das Paradies der Papageientaucher verlassen musste. Die helle Abendsonne schenkt dem engen Fjord von Reyðarfjörður ein Licht von sagenhafter Intensität. Eisblau erstrahlt das Wasser, hinter dem zunächst zartgrün, dann schroff und düstergrau die Berge steil gen Himmel stürmen. Über ihre Hänge ziehen sich markante Schichten. Es wirkt, als seien diese Berge nichts als gigantische Baumkuchen, deren schneebedeckte Gipfel wie Puderzuckerspitzen in das helle Himmelsblau aufragen.

Der nächste Tag wird uns auf schmalen und schmäleren Sträßchen um die fantastischen Ostfjorde herumführen. Diese werden ihr Füllhorn mit den großartigsten Panoramen öffnen und großzügig über uns ausschütten. Und bestimmt begegnet uns unterwegs der eine oder andere Vogel!

Skúffukaka – Lakritz-Schokoladenkuchen

Zutaten:

300 g Mehl
250 g brauner Zucker
60 g Kakaopulver
50 g Lakritz
200 ml Buttermilch
100 g Butter (zerlassen)
2 Eier
2 Tl Backpulver
60 ml Kaffee

1 Tl Zimt
Salz
Butter zum Einfetten

Für die Glasur:
200 g Puderzucker
40 g Butter (zerlassen)
3 El Kakaopulver
3 bis 4 El heißer Kaffee

Zubereitung:

Die Lakritze in möglichst kleine Stücke schneiden. Mehl, Zucker, Kakaopulver, Zimt sowie eine Prise Salz in eine Schüssel geben und miteinander vermengen. Unter Rühren zunächst die Buttermilch, dann den Kaffee und zuletzt die Butter hinzufließen lassen, alles gut miteinander vermengen. Ganz zum Schluss die Lakritzstücke untermischen.

Eine Springform gut mit Butter einfetten und den Teig hineingeben Den Backofen auf 180°C vorheizen und den Kuchen ca. 40 Minuten lang backen. Herausnehmen und auf einem Rost abkühlen lassen.

Für die Glasur den Puderzucker mit dem Kakao gründlich vermischen. Dann die zerlassene Butter sowie den Kaffee unterrühren, bis alles glatt und klumpenfrei ist. Den noch leicht warmen Kuchen damit einpinseln und abkühlen lassen.

Wie in allen nordeuropäischen Ländern ist Lakritz in Island äußerst beliebt. Wer es nicht mag, lässt es im Rezept einfach weg.

Gletscher der Superlative – am Vatnajökull

Langsam nähern wir uns dem nächsten Highlight unserer Reise: dem Vatnajökull. Schon wieder ein Superlativ, denn er ist – wenn man von den Polarregionen einmal absieht – der größte Gletscher unseres Kontinents. Der 2008 gegründete Vatnajökull-Nationalpark ist zudem das größte Naturschutzgebiet Westeuropas, mit gut 14.000 Quadratkilometern Fläche ist es deutlich größer als die vier kleinsten der deutschen Bundesländer zusammen. Es umschließt 14 Prozent der gesamten Landmasse von Island.

Wir haben schon einiges vom Vatnajökull gehört, und auch über die Gefahr, die von den unter ihm schlummernden Vulkanen ausgeht. Denn die dösen ja nur im Halbschlaf vor sich hin, jederzeit kann einer von ihnen aufschrecken und sich mit Vehemenz in Erinnerung bringen.

Wie mag er wohl aussehen, dieser Vatnajökull, der die Feuerberge unter seinem Eis verbirgt, als wolle er sie für ihr Nickerchen ganz fürsorglich damit zudecken? Er beansprucht mit einer Ausdehnung von 8.100 Quadratkilometern rund acht Prozent der Fläche von Island für seine unvorstellbar große Masse aus mehr als 3.000 Kubikkilometern Eis. Von seinem Zentrum im Hochland ausgehend streckt er zahlreiche Ausläufer abwärts in Richtung Küste, als sei er selbst ein vielköpfiges Wesen, dass gierig seine Zungen abwärts gleiten lässt. Es handelt sich dabei um sogenannte Auslassgletscher, die sich bedingt durch die Fließbewegung des Gletschereises einen talabwärts gerichteten Weg suchen. Dabei müssen sich die Gletscherarme durch enge Talöffnungen zwängen, um sich gleich nach Überwindung dieser Hindernisse entspannt in die Breite auszudehnen. Ihre Fläche vergrößert sich dadurch, gleichzeitig sind sie am Fuß der Berge wärmeren Temperaturen ausgesetzt. Folglich schmelzen sie dahin und strömen schließlich als Fluss ins Meer. Im flachen Küstenbereich kann sich zuvor auch noch eine Gletscherlagune bilden. Die Auslassgletscher des Vatnajökull haben jeweils eigene Namen. Einer der bekanntesten ist der Falljökull, den man im Rahmen geführter Tagestouren besuchen kann. Gut ausgerüstet mit Spikes, Helm und Eispickel geht es dann los, um die fantastischen Eisskulpturen, Höhlen und Tunnel des Falljökull zu erkunden.

Ganz in der Nähe befindet sich übrigens der Wasserfall Svartifoss, bekannt durch die herabhängenden Basaltsäulen, die ihn wie Orgelpfeifen rahmen. Man erreicht ihn binnen einer halben Stunde über einen stramm bergauf führenden Fußweg. Nach den faszinierenden Fotos, die wir von diesem Wasserfall gesehen hatten, enttäuschte uns die Realität ehrlich gesagt ein bisschen. Denn der Svartifoss ist deutlich kleiner, als man erwarten könnte.

Vielleicht hätten wir besser den Svínafellsjökull besuchen sollen, einen weiteren Auslassgletscher, der gleich um die Ecke zwischen Svartifoss und Falljökull liegt. Denn der Svínafellsjökull ist ein Filmstar. Weil er eine solch dramatische Kulisse bietet, dazu nur etwa zwei Kilometer von der Ringstraße 1 entfernt und damit bequem erreichbar ist, diente er schon des Öfteren als Filmdrehort. Hier entstanden Szenen für die Hollywood-Produktionen »Batman Begins« und »Interstellar«, dazu zahlreiche Einstellungen für die Erfolgsserie »Game of Thrones«. Außerdem ist der Svínafellsjökull mit der Njáls-Saga verbunden, denn er begrub im 17. Jahrhundert den Ort ihres Geschehens unter seinem Eis. Damals drängte er seinen Panzer vorwitzig in Richtung Küstenebene, heute hingegen befindet er sich wieder auf dem Rückzug.

Wenn auch langsam, so sind doch Gletscher sehr bewegliche Wesen. Sie verändern sich ununterbrochen, und sie halten so manche Überraschung bereit. Für mich stand eigentlich fest, dass der Vatnajökull ein Überbleibsel der letzten Eiszeit sei, doch da musste ich mich eines Besseren belehren lassen. Der Riesengletscher entstand erst vor etwa zweieinhalbtausend Jahren. Noch zu Zeiten der Landnahme durch die Wikinger konnte man ihn eher als Kleinkind denn als Giganten bezeichnen. Erst die kleine Eiszeit ab dem ausgehenden Mittelalter verhalf ihm zu seinen heutigen Ausmaßen. Weil es aber inzwischen immer wärmer wird, schmilzt der Vatnajökull ganz allmählich wieder dahin. In den letzten 100 Jahren hat er rund zehn Prozent seiner Masse eingebüßt.

Noch haben wir nur sehr diffuse Vorstellungen von dem, was uns erwarten mag. Von den Fjorden im Nordosten der Insel nähern wir uns der Region des Vatnajökull auf der Ringstraße 1. Unsere Reiseempfehlungen raten dazu, die Ringstraße kurz vor dem Tunnel Almannaskarðsgöng zu verlassen. Stattdessen sollen wir die kleine Passstraße über die Almannaskarð wählen, die über gut 150 Meter Höhe führt. Von dort oben, so heißt es, könne man eine tolle Aussicht über die Bucht von Höfn und den ersten Gletscherarm des Vatnajökull genießen.

150 Meter, das klingt nicht gerade nach viel. Doch die Passstraße hält ein Gefälle von 17 Prozent bereit, und noch dazu ist sie nicht asphaltiert. Es ist deshalb nachvollziehbar, dass

man sie gesperrt hat, als der Tunnel eröffnet wurde. Man kann sich lediglich bis zu einem Aussichtspunkt hinaufbemühen, danach muss man wieder zurückfahren.

Wirklich gelohnt hat die Mühe sich nicht. Zwar erkennt man diffus das fremdartige weiß-graue Wesen, das sich in der Ferne von den Bergen herabwälzt. Doch viel schöner ist der Anblick, als wir unsere Unterkunft auf einer einsamen Schaffarm im Sandergebiet an der Küste der Gemeinde Hornafjörður erreicht haben. Dieses Sandergebiet ist der breite, flache Schwemmkegel, den das vom Schmelzwasser des Gletschers herbeigetragene Material vor der Küste aufgetragen hat. Es ist – wie könnte es anders sein – in erster Linie ein Vogelparadies, worauf mich das Austernfischerpärchen, das ich auf meinem Fotospaziergang offensichtlich beim Brüten gestört habe, recht ärgerlich hinweist.

Aber auch wir empfinden die Einsamkeit und Stille dieses Sandergebiets als paradiesisch. Über der weiten, grünen Ebene hebt sich in der Ferne der Hvannadalshnúkur, mit 2.110 Metern der höchste Berg von Island. Und aus dem mächtigen weißen Panzer, der zwischen den Berggipfeln entlang der Küste hervorblitzt, schieben sich die Eisflüsse herab, durchzogen von tiefen Bruchlinien. Fast meint man, ihre Bewegungen sehen zu können. Es wirkt, als seien sie in einer Momentaufnahme eingefroren, um sich im nächsten Augenblick weiter voranzuwälzen, dabei alles zermalmend, was sich ihnen in den Weg stellen möchte.

Gespannt machen wir uns am nächsten Morgen auf den Weg, um uns dieses Naturphänomen von Nahem anzuschauen. Was aus der Ferne im Sonnenschein so irisierend weiß leuchtet, zeigt sich als Sammelsurium von gigantischen Eisskulpturen, zusammengefügt in den unterschiedlichsten Farben. Je nach Lichteinfall changieren die Gebilde zwischen

Weiß, Eisblau und Türkis. Dazu sind sie von schwarzen und tiefgrauen Schlieren durchzogen, Spuren früherer Vulkanausbrüche, die das Eis mit ihrer Asche bedeckt und gefärbt haben.

Bis zu einen Meter können sich die Eismassen pro Tag bewegen. Deshalb spürt man ihre Lebendigkeit deutlich, wenn man in ihrer Nähe ist. Zwar ist nichts davon zu sehen, doch vernimmt man das leise Knistern und Knacken, mit dem sich die Rastlosigkeit des Eisflusses verrät. Manchmal brechen sogar größere Klumpen mit lautem Krachen aus den scheinbar so starren Kämmen des Stromes und stürzen hinab in seine tiefen Spalten. Unter der eisigen Oberfläche verbergen sich Tunnel und Hohlräume, deren Decken jederzeit einstürzen können. Diese Vorgänge machen das Betreten der Eisfläche so gefährlich. Ohne Begleitung durch einen kundigen Guide sollte sich deshalb niemand in die bizarre Landschaft eines solchen Gletscherarms hineinwagen.

Unser Weg führt uns weiter in südwestlicher Richtung entlang der Küste, wo uns das vielleicht schönste Schauspiel erwartet, dass der Vatnajökull auf seinem Weg zum Meer zu bieten hat: die Gletscherlagune Jökulsárlón. Sie ist mit knapp 250 Metern das tiefste Gewässer von Island.

Erinnern Sie sich an die spektakuläre Verfolgungsjagd, die sich Pierce Brosnan alias James Bond in »Stirb an einem anderen Tag« mit dem Film-Fiesling liefert? Rasant schlittert er mit seinem Aston Martin über eine spiegelglatte Eisfläche, aus der durchsichtig schillernde Eisberge ragen und die von einem turmhohen Gletscherausläufer gerahmt ist. Bondmäßig übertrieben überschlägt er sich mit dem Wagen und rutscht ein Stück auf dem Dach, findet mit einem Salto zurück in die richtige Position, gleitet rückwärts dahin, scheut keinen Crash mit dem Jaguar seines Kontrahenten und siegt am Ende, wie immer.

Warum ich das erzähle? Natürlich, weil diese Szenen am Jökulsárlón entstanden. Nach einem kurzen Dreh für »Im Angesicht des Todes« (damals, 1985, noch mit Roger Moore in der Hauptrolle) kehrte der Superagent 2002 noch einmal in die spektakuläre Gletscherwelt des Vatnajökull zurück. Drei Wochen benötigte das Filmteam, bis die relativ kurzen Einstellungen im Kasten waren.

Selbst im isländischen Winter ist nämlich nicht davon auszugehen, dass der Jökulsárlón so weit zufriert, dass er das Gewicht zweier über seine Oberfläche dahinjagender Autos tragen kann. Das liegt nicht nur daran, dass Islands Winter zwar unwirtlich, aber doch relativ mild sind. Vor allem ist das Wasser des Gletschersees durch die Fließbewegung zum Meer in ständiger Bewegung. Bei Flut und bei auflandigem Wind treibt zudem salziges Meerwasser in die Lagune hinein und verhindert damit das Gefrieren des Sees.

Deshalb hat das Filmteam den Zugang der Lagune zum Meer kurzerhand mit einem Wall aus Schutt verschlossen. Die Fließbewegung des Wassers erstarrte und mit ihr dessen Oberfläche. Binnen 24 Stunden bildete sich eine geschlossene Eisdecke auf dem Jökulsárlón, die Dreharbeiten konnten beginnen.

In Vorbereitung dieser Arbeiten hatte sich die Crew von Einheimischen mit Booten über den Jökulsárlón fahren lassen. James Bond ging, die Boote blieben: Heute können sich Touristen zwischen den blau schimmernden Eisbergen auf dem Jökulsárlón hindurchschippern lassen. Dazugekommen sind ausgemusterte Amphibienfahrzeuge des amerikanischen Militärs und ein paar Schnellboote, die ihre Passagiere zur Bruchkante des Gletschers bringen. Wer viel Glück hat, kann dort vielleicht sogar das Kalben eines Eisbergs beobachten. Zur Hochsaison herrscht deshalb inzwischen reger Bootsverkehr auf dem Jökulsárlón.

Doch seit dem Besuch von 007 hat sich noch mehr verändert. Und das liegt nicht nur daran, dass die Barriere zum Meer selbstverständlich nach Ende der Dreharbeiten wieder entfernt wurde. Der Jökulsárlón ist größer geworden, seine Eisberge hingegen kleiner. Seit den Siebzigerjahren des letzten Jahrhunderts hat er seine Flächenausdehnung mehr als verdoppelt, von acht auf 18 Quadratkilometer. Ein klares Zeichen dafür, dass sich das Klima auch in Island verändert und wärmer wird. Der Auslassgletscher Breiðamerkurjökull, der bis ans Wasser des Jökulsárlón heranreicht, schrumpft inzwischen Jahr für Jahr um etwa 30 Meter. Vor etwas mehr als 100 Jahren reichte seine Zunge noch bis ans Meer, heute ist sie schon fast sieben Kilometer davon entfernt. Doch auch das Meer trägt eine Mitschuld an der Veränderung des Jökulsárlón, indem es immer wieder Salzwasser in die Lagune hineinspült und den Schmelzvorgang damit beschleunigt.

Hoffentlich bleibt der Jökulsárlón uns noch eine Weile erhalten. Denn er gehört mit zu den schönsten Naturwundern, die Island zu bieten hat. Die mächtigen Eisberge, die träge über seine spiegelglatte Oberfläche gleiten, sind von kolossaler Pracht. Selbst bei wolkenverhangenem Himmel schillern manche von ihnen in leuchtendem Hellblau. Andere sind durchscheinend wie Glas, weiß wie Schnee oder ebenmäßig durchzogen von schmutzig grauen Ascheschichten. Die Farben der Eisbrocken sind abhängig von der Menge der Luft, die in ihnen eingeschlossen ist. So bilden sich unterschiedliche Kristalle, die das Licht jeweils auf ihre eigene Weise reflektieren. Je höher der Druck, dem das Eis im Inneren des Gletschers ausgesetzt war, desto geringfügiger die Lufteinschlüsse. Und desto klarer und blauer erscheint das Eis.

Während sie auf dem Jökulsárlón dahindümpeln, formen die Eisberge die absonderlichsten Figuren. Es ist, als hätten sie sich zu einem schwimmenden Skulpturenpark zusammengefunden, ein grandioses Meisterwerk der Natur. Und mit etwas Glück erspäht man sogar eine Robbe, die neugierig zwischen den schwimmenden Eisinseln hervorlugt.

Allmählich, ganz langsam im Lauf von etwa vier bis fünf Jahren, schmelzen die Berge dahin. Manche treiben hinaus aufs offene Meer, wo die Gezeiten sie an den Lavastrand spülen. Auf die Größe besserer Eiswürfel geschrumpft, bilden ihre Reste hier einen skurrilen Kontrast zum tiefschwarzen Sand. Verführerisch wie kostbare Edelsteine glitzern sie im Licht, man nennt diesen Küstenabschnitt deshalb auch den »Diamant-Strand«. Doch der Glanz ist trügerisch, er vergeht und schmilzt dahin, kaum hält man ihn in den Händen.

Wie gut, dass inzwischen schon wieder neue Eisgiganten aus der Zunge des Breiðamerkurjökull bersten und in den Jökulsárlón hinabstürzen.

Hægeldað lambalæri – langsam gegarter Lammbraten

Zutaten für 4 Personen:

1 Lammkeule (ca. 2,5 kg)
800 g Kartoffeln
6 Möhren
2 grüne Paprika
2 Zwiebeln
2 Knoblauchzehen
2 Gewürznelken
8 Pfefferkörner

40 g Butter
40 g Mehl
300 ml Sahne
2 El Rhabarbermarmelade
(Rezept s. Seite 111)
Speiseöl
Salz
Pfeffer

Zubereitung:

Kartoffeln und Zwiebeln schälen, Knoblauchzehen häuten, Möhren und Paprika putzen und alles in kleine Stücke schneiden. Die Lammkeule mit Speiseöl einreiben und mit Salz und Pfeffer würzen.

Das Gemüse auf dem Boden eines ofenfesten Topfes verteilen, Pfefferkörner und Nelken hinzugeben, salzen, pfeffern und mit 600 ml Wasser begießen. Die Lammkeule darauflegen, ein Backthermometer hineinstecken, den Topf mit dem Deckel verschließen. Bei 80 bis 90°C ca. 7 Stunden im Backofen garen lassen. Dabei das Backthermometer gelegentlich kontrollieren, wenn die Kerntemperatur 65°C beträgt, ist das Fleisch fertig. Dann den Deckel entfernen und noch einmal 10 Minuten bei 220°C Oberhitze kross backen.

Die Brühe in ein Gefäß abgießen. In einem Topf die Butter schmelzen, das Mehl hinzustreuen und anschwitzen lassen. Mit der Brühe ablöschen, unter Rühren aufkochen, die Hitze reduzieren, Sahne und Rhabarbermarmelade hinzugeben und verrühren, mit Salz und Pfeffer würzen.

Das Fleisch mit dem Gemüse und der Sauce servieren.

Schönheit des Südens – schwarze Strände und ein gar nicht so einsames Wrack

Der letzte Tag ist angebrochen und das Ende unserer Reise rückt unaufhaltsam näher. Der Abschied wird uns schwerfallen, denn Islands wilde Landschaften haben uns tief beeindruckt. Doch bevor es so weit ist, erwartet uns noch ein besonderes Schmankerl. Wir haben den südlichsten Zipfel von Island erreicht und sind in Vík í Mýrdal angekommen, einem Winzlings-Örtchen mit gerade mal etwas mehr als 300 Einwohnern. Trotzdem wird es von den meisten Reisenden zielstrebig angesteuert. Denn Vík í Mýrdal wartet mit einem wahren Reigen von Besonderheiten auf.

Da ist zum einen die hübsche kleine Vikurkirkja, die auf einer grünen Anhöhe über dem Ort gelegene Kirche. Im Hintergrund steigt eine Felswand in die Höhe und macht das weiße Kirchlein mit seinem roten Dach zu einem begehrten Highlight unter den Fotomotiven der Insel. Es sei denn, gleich daneben parkt ein profanes Wohnmobil und verdirbt die idyllische Szenerie, so wie es mir ergangen ist.

Zum anderen zweigt nahe Vík í Mýrdal der Weg zum Katla-Geopark ab, der den kleinen Ort umgibt. Seine Vulkanlandschaft ist von herausragender Schönheit. Und als wäre das nicht genug, lockt Vík í Mýrdal darüber hinaus auch noch die Vogelfreunde mit dem Berg Reynisfjall, dem Nistgebiet abertausender Küstenseeschwalben, Eissturmvögel und Papageientaucher.

Doch die meisten Touristen kommen gar nicht wegen der Kirche, den Vulkanen oder der Vögel. Vielmehr zieht sie der berühmte schwarze Strand von Vík í Mýrdal an wie die Motten das Licht. Millionenfach abgelichtet gelangte er mit seinen attraktiven Basaltsäulen und den fotogenen, spitz aus dem Meer herausragenden Felsnadeln zu großem Ruhm. Er gilt als einer der schönsten Strände der Welt.

Reynisdrangar nennen die Isländer diese markanten Felsnadeln. Die Legende weiß, dass es sich um Trolle handelt, die eigentlich ein Schiff bergen wollten, aus Unachtsamkeit dabei jedoch vom Tageslicht überrascht und versteinert wurden. Der langgestreckte, tiefschwarze Sandstrand, der scharfe Kontrast zur schneeweißen Gischt und die bizarre Kulisse der Felszinnen, an denen sich die Wellen brechen, sind ein wirklich faszinierender Anblick. Natürlich muss man sich diesen mit zahlreichen anderen Besuchern teilen, wenn man nicht gerade zu den Tageszeiten von Lerche oder Nachtigall unterwegs ist.

Unser Weg führt uns weiter nach Westen, weil wir noch den berühmten Skógafoss besuchen wollen, der knapp 30 Kilometer von Vík í Mýrdal entfernt liegt. Als hätten wir nicht schon genug in Schönheit geschwelgt, gilt dieser Wasserfall als einer der betörendsten von ganz Island. Aus 60 Metern Höhe fallen seine Fluten wie ein Vorhang auf einer Breite von 25 Metern ebenmäßig hinab, er ist ein Wasserfall wie aus dem Bilderbuch.

Doch bevor wir ihn erreichen, liegt noch ein ganz anderes Ziel an der Strecke. Denn im Vorfeld unserer Reise habe ich ein Bild gesehen, das mich mit seiner morbiden Skurrilität in den Bann zog: Mitten im Nirgendwo des einsamen schwarzen Strandes liegt wie ein bleiches Skelett das verfallene Wrack eines Flugzeugs. Es wirkt, als wolle es symbolhaft für Vergänglichkeit und Bedeutungslosigkeit menschlicher Technik angesichts der gelassenen Überlegenheit der Natur stehen. Eine Herausforderung für jeden Hobbyfotografen, außerdem eine Geschichte, der ich unbedingt auf den Grund gehen möchte.

Es war ein eisiger Novemberabend im Jahr 1973, als ein ohrenbetäubender Lärm das Bauernpaar auf einem Hof in der Küstenebene von Sólheimasandur aus ihrer Ruhe schreckte. Unverzüglich machten sich die beiden auf den Weg, um der Ursache auf den Grund zu gehen. Fünf Kilometer mussten sie durch die flache, steinige Wüstenlandschaft zurücklegen, die sich vor der Küste erstreckt. Als sie schließlich ankamen, waren andere ihnen schon zuvorgekommen.

Sie sahen ein havariertes Flugzeug der U.S. Navy, und einige Soldaten machten sich bereits daran zu schaffen. Sie schlachteten das Cockpit der Douglas C-117 aus, demontierten die Motoren und sägten die Tragflächen ab. Niemand sei zu Schaden gekommen, sie sollten unverzüglich wieder auf ihren Hof zurückkehren, fertigte der Befehlshaber die verwunderten Bauersleute in militärisch knappem Ton ab. Verschüchtert fügten sie sich und gingen nach Hause, in der Erwartung, dass das Militär auch den Rest des Flugzeuges fortschaffen würde.

Tatsächlich hatte die Besatzung ihre Notlandung am Strand von Sólheimasandur wie durch ein Wunder unverletzt überlebt. Während ihres Routineflugs war das Wetter überraschend umgeschlagen, heftige Sturmböen machten es fast unmöglich, die trudelnde Maschine zu kontrollieren. Hinzu kam ein gewaltiger Temperatursturz, wodurch schließlich beide Triebwerke vereisten und nacheinander ausfielen. Zu allem Überfluss verhüllte dichter Nebel die Sicht. Das Flugzeug befand sich über dem Vatnajökull, umgeben von den Gipfeln der Vulkane.

Verzweifelt hatten die Männer schon mit dem Leben abgeschlossen, da übernahm ein 26-jähriger Flugschüler beherzt den Steuerknüppel. Mit eisernen Nerven und der unbekümmerten Coolness seiner Jugend beschloss er, in Richtung Küste abzudrehen und eine Notlandung auf dem Meer zu wagen. In dessen eisigen Fluten mussten sie zwar mit einem schnellen Tod durch Unterkühlung rechnen, doch bot die Wasserlandung immerhin eine klitzekleine Chance. Und das war allemal besser, als an einer Felswand zu zerschellen.

Während des Sinkflugs durchbrachen sie schließlich die Wolkendecke. Schemenhaft erkannte der junge Pilot im Dunkel der polaren Nacht die ausgedehnte Ebene, den Saum des Meeres und den schwarzen Strand. Verwegen riss er den Knüppel herum und setzte parallel zum Wasser zur Landung an.

Holprige 30 Meter rutschte das Flugzeug polternd über den Sand – dann kehrte Stille ein. Es dauerte einen Moment, bis die Männer wieder zu atmen wagten und die Augen öffneten: Sie hatten überlebt! Nur sechs Meter vor der Wasserlinie war das Flugzeug zum Stehen gekommen, mit verbogenen Propellern, verbeulter Nase und demoliertem Rumpf. Durch ein Leck im Tank trat Kerosin aus. Jederzeit konnte die Maschine in Flammen aufgehen, hastig sprangen die Männer aus dem Wrack.

Schon bald tauchten Suchhelikopter der Air Force am Horizont auf, denn die Besatzung hatte schon zeitig Notrufe abgesetzt. Flugzeugabstürze über Island stellten keine Seltenheit dar, die Army war darauf vorbereitet. Im unbändigen Klima der Insel kommt es immer wieder zu rasanten Witterungsänderungen, tatsächlich gehören die Wetterbedingungen von Island zu den unbeständigsten auf unserem Planeten. Das sind fatale Bedingungen für die Fliegerei. Aber dennoch führte die U.S. Air Force auch nach dem Ende des Zweiten Weltkriegs zahllose Flüge über Island durch. Schließlich nahm das Land nach seinem Beitritt zur NATO im Kalten Krieg eine strategisch herausragende Stellung ein, es diente als wichtiger Stützpunkt im Nordpolarmeer zwischen Nordamerika und Europa.

Allein in den Jahren von 1941 bis 1973 stürzten nach offiziellen Angaben der U.S. Air Force 385 amerikanische Militärflugzeuge über Island ab. Das macht nach einfacher Rechnung ein Flugzeug pro Monat! Die havarierten Maschinen zu bergen, stellte im unwegsamen Gelände eine schier unlösbare Aufgabe dar. Zwar bestand dahingehend eine Vereinbarung zwischen dem isländischen Staat und den USA, dass einerseits die USA 85 Prozent der anfallenden Kosten zu tragen hätten, Island auf der anderen Seite für die Bergung vor Ort zuständig sei. Doch was, wenn sich niemand über ein herumliegendes Wrack beschwerte, wie es in Islands Einsamkeit meistens der Fall war? Da machten sich die zuständigen Behörden eine simple Lösung zu eigen: Sie ließen die Wracks einfach liegen.

So kommt es, dass die Douglas C-117 von Sólheimasandur kein Einzelfall ist. Verstreut über die ganze Insel liegen mehr oder weniger gut erhaltene Torsos abgestürzter U.S.-Maschinen. Manche davon wussten pfiffige Leute zu nutzen. Eine Zeitlang existierten sogar Betriebe, die Kochtöpfe aus dem Metall der Flugzeughüllen herstellten. Andere Wracks boten sich als Schafstall an.

Und auch die Bauern von Sólheimasandur fanden eine Verwendung für die C-117, als sie erkannten, dass die Army keinesfalls beabsichtigte, das Wrack zu entfernen. Sie nutzten es einfach als Lager für Treibholz. Einmal kamen ein paar Freunde vorbei und ballerten mit Schusswaffen auf das Flugzeugskelett. Was sollte man auch schon damit anstellen?

Bis sich eines Tages ein anderer Landsmann meldete. Auch auf dessen Grund war vor geraumer Zeit ein Flugzeug niedergegangen, und weil es gleich neben einem kleinen See lag, hatte der Mann es zur Fischerhütte umfunktioniert. Doch nun stand ihm Höheres im Sinn: Er wollte das Wrack zu einem veritablen Wohnhaus umbauen. Weil aber leider das Heck fehlte, bat er die Bauern von Sólheimasandur, das entsprechende Teil der C-117 absägen und mitnehmen zu dürfen. Gefragt, getan, und so kommt es, dass der Maschine von Sólheimasandur das Hinterteil fehlt, während woanders eine ganze Familie in einem Flugzeugwrack lebt.

Das Wrack von Sólheimasandur geriet schließlich in Vergessenheit. Auch die Bauersleute dachten nicht mehr weiter darüber nach. Doch schließlich änderte sich die Situation grundlegend. Immer mehr Menschen kamen und irrten über die Ebene, auf der Suche nach dem einsamen Wrack. Sie bemühten sich, über einen nicht befestigten Weg bis zur Küste zu fahren. Das ging nicht immer gut, so mancher kleine Mietwagen blieb hoffnungslos im Lavageröll stecken. Andere machten sich zu Fuß auf den dreieinhalb Kilometer langen Pfad, der von der Ringstraße 1 zum Flugzeugwrack führt. Ständig verlief sich irgendjemand in der mondähnlichen Landschaft, immer öfter mussten Rettungsmannschaften aus Vík í Mýrdal ausrücken, um Verirrte zu suchen oder festgefahrene Autos zu befreien.

Was trieb die Leute zu ihren aberwitzigen Exkursionen? Hatten sie genau wie ich ein reizvolles Foto gesehen und wollten dieses Motiv selbst auf die Speicherkarte ihrer Kamera bannen?

Den Grundstein des Booms legte die isländische Band Sigur Rós mit ihrer 2007 erschienenen Musik-Doku »Heima«. Dramatisch und effektvoll ist das Skelett der C-117 darin vor der schwarzen Lavaeinöde in Szene gesetzt. In der Folge reisten jetzt ab und zu Fotografen an, um ein ähnlich berückendes Bild einzufangen.

2015 trat der Run auf die Maschine in seine zweite Phase ein: Der gefeierte Bollywood-Star Shah Rukh Khan erschien, lieh sich ein Kawasaki-Motorrad, düste damit durchs schwarze Lavageröll und posierte publikumswirksam mit einem Handstand vor der C-117. Im zugehörigen Bollywood-Film »Dilwale – Ich liebe Dich« sieht man ihn im hemmungslos kitschigen Musik-Clip »Gerua« vor den Naturwundern Südislands, unter anderem neben der angehimmelten Schönen im orange-schwarzen Flattergewand auf dem Dach des besagten Flugzeugs. Der Schmalz dieses Clips ist kaum auszuhalten, und doch sind es Bilder, die Sehnsucht wecken.

Im gleichen Jahr sorgte ein anderes Filmchen für Aufsehen und löste bei einem weiteren Zielpublikum den fiebrigen Wunsch aus, das Wrack von Sólheimasandur zu besuchen: Justin Bieber zeigt sich im Musikvideo zu seinem Song »I'll Show You« nicht nur vor den berauschenden Wasserfällen Seljalandsfoss und Skógafoss, sondern auch bei einer Skateboard-Fahrt auf dem Wrack der C-117. Wen wundert es, dass der Boom nun geradezu eskalierte?

Immer mehr Schaulustige machten sich auf den Weg, ohne dessen Mühen zu scheuen. Schließlich muss man für Hin- und Rückweg gute sieben Kilometer durch die eintönige Lavawüste marschieren. Deshalb versuchten es viele mit dem Auto. Die Zwischenfälle auf der Strecke begannen sich zu häufen. So konnte es nicht mehr weitergehen!

Deshalb wurde der zum Wrack führende Weg inzwischen markiert und durch ein Tor versperrt. Davor befindet sich ein Parkplatz, und eine Infotafel weist auf die gebotenen Verhaltensregeln hin. Inzwischen gibt es sogar – zumindest zeitweise – einen Shuttlebus, der all diejenigen Schaulustigen zum Wrack kutschiert, die den langen Fußweg scheuen.

Als wir ankommen, stehen die Autos dicht an dicht. Bis zum Horizont wälzt sich eine endlose Schlange von Menschen in Richtung Meer. So hatte ich mir das ganz und gar nicht vorgestellt! Frustriert nehmen wir Abstand davon, uns zwischen den Wrack-Wanderern einzureihen. Ja, ich vergesse vor lauter Enttäuschung sogar, wenigstens ein Foto vom Pilgerzug durch die düstere Einöde aufzunehmen.

Aber bei den gut 6.000 Bildern, die ich aus der Wunderwelt Islands mit nach Hause bringe, spielt das wohl keine Rolle mehr.

Skyrterta– Skyrtorte

Zutaten:

250 g Haferkekse
100 g Butter
500 g Skyr
300 ml Sahne
250 g Rhabarber- oder Blaubeermarmelade
80 g Zucker
2 Pck. gemahlene Gelatine
1 Vanilleschote
1 Tl Zimt
geraspelte Schokolade
neutrales Speiseöl

Zubereitung:

Die Haferkekse mit dem Fleischklopfer oder dem Nudelholz zerkleinern und in eine Schüssel geben. Die Butter zerlassen und zusammen mit dem Zimt zu den zerkleinerten Keksen geben, alles gut vermischen.

Eine Springform ringsum mit Speiseöl einpinseln und die Keks-Buttermischung gleichmäßig auf dem Boden verteilen, dabei gut festdrücken.

Die Gelatine mit 12 El Wasser verrühren und 10 Minuten quellen lassen, danach noch einmal gut verrühren, damit die Gelatine sich vollständig auflöst.

Den Skyr mit dem Zucker in eine Schüssel geben, die Vanilleschote auskratzen, das Mark hinzugeben und alles gut vermischen. Anschließend die Gelatine unterrühren. Die Sahne steif schlagen und unter die Masse heben, danach gleichmäßig auf dem Keksboden in der Springform verteilen. 3 Stunden lang im Kühlschrank ruhen lassen, dann vorsichtig die Marmelade auf der Oberseite verteilen und erneut für mindestens 3 Stunden (gerne auch über Nacht) in den Kühlschrank stellen.

Vor dem Servieren den Rand der Springform entfernen (nicht den Boden, da der Keksboden zerbröseln könnte) und die Torte mit der geraspelten Schokolade bestreuen.

Das letzte Wort

Liebe Leserinnen, liebe Leser,

ich hoffe, Ihnen hat unsere erlebnisreiche Reise rund um Island gefallen. Versäumen Sie nicht die zahlreichen Fotos auf **www.almutirmscher.de**!

Natürlich freue ich mich über Ihre Tipps, Hinweise oder Anregungen und beantworte auch gerne Ihre Fragen. Schreiben Sie mir einfach an **kontakt@almutirmscher.de**.

Við sjáumst fljótlega – bis bald in Island!

Ihre
Almut Irmscher

Danksagung

Ich danke allen, die mich mit Tipps und Anregungen unterstützt haben.

Besonders danke ich Rosi Seidl, die mit ihren schönen Fotos zum Island-Fotoalbum auf meiner Website beigetragen hat.

Und natürlich danke ich meinem Mann Ulrich Otto, ohne seinen Rat, seine Korrekturen, seine Aufmunterungen und seine ständige Bereitschaft, mir alle Hindernisse aus dem Weg zu räumen, wäre meine Arbeit nicht möglich gewesen.

Ganz besonders danke ich meiner Freundin Gunhild Hexamer, die mich nicht nur durch die Jahrzehnte des Lebens begleitet hat, sondern auch die Entstehung meiner Bücher jedes Mal aufs Neue unermüdlich und engagiert mit ihren Hinweisen, Korrekturen und Anregungen begleitet. Sie ist es auch gewesen, die mir überhaupt erst den Anstoß zum Schreiben gegeben hat. Ohne Gunhild gäbe es meine Bücher nicht.

Gunhild ist selbst Autorin, wenn Sie sich für Nordamerika interessieren, dann empfehle ich Ihnen ihre Bücher und ihre Website www.ghexamer.de.

Víðimýrarkirk
Snæfellsjökull
Snæfellsnes
Hellnar
Arnarstapi
Þingvellir
Gullfoss
Geysir
Reykjavík
Keflavík
Reykjanes
Hveragerði
Skógafos
Vík í
Mýrdal

Húsavík
Dettifoss
Goðafoss
Krafla
Mývatn
kureyri
Bakkagerði
Egilsstaðir
Reyðarfjörður
Vatnajökull
Höfn
Jökulsárlón

Arnarstapi

Islandpferde am Skagafjörður

Strokkur

Papageientaucher in Bakkagerði

Reyðarfjörður

Canyon des Flusses Jökulsá á Fjöllum am Dettifoss

Bachstelze am Djúpalónssandur

Akureyri

Bárður in Arnarstapi

Skútustaðagígar am Mývatn

Bjarnarflag im Krafla-Gebiet

Godafoss

Jökulsárlón

Snæfellsjökull

Reynisfjara-Strand bei Vík í Mýrdal

Húsavík

Zwischen Reykjahlíð und Húsavík

Hverarönd

Víðimýrarkirkja

Feedback
Wie hat Ihnen das vorliegende Buch gefallen?
Bitte scannen Sie den QR-Code und beantworten Sie uns gerne einige Fragen. Das hilft dem MANA-Verlag auch bei der Entwicklung neuer Titel.
Vielen Dank!

»sehr lesenswert, unterhaltsam
und informativ«
(Thomas Seider, Passauer Neue Presse)
MANA
www.MANA-Verlag.de
Arthúr Björgvin
Bollason
LÄNDERPORTRÄT
Island
Alles, was Sie über Island wissen müssen
MANA
Arthúr Björgvin Bollason
Island
Alles, was Sie über Island wissen müssen
Hardcover, 424 Seiten, ca. 400 Abbildungen, 39,80 €